〔英〕詹姆斯·弗兰克·布莱特 著
崔冉冉 译

玛丽亚·特蕾莎
一部哈布斯堡王朝中兴史

A HISTORY OF HABSBURG REJUVENATION

中国出版集团公司

华文出版社

图书在版编目（CIP）数据

玛丽亚·特蕾莎：一部哈布斯堡王朝中兴史/(英)詹姆斯·弗兰克·布莱特著；崔冉冉译. -- 北京：华文出版社，2020.1

（华文全球史）

ISBN 978-7-5075-5205-8

Ⅰ.①玛… Ⅱ.①詹… ②崔… Ⅲ.①玛利亚·德利撒(Maria Theresa 1717—1780)—传记 Ⅳ.①K835.217=41

中国版本图书馆CIP数据核字(2019)第235999号

玛丽亚·特蕾莎：一部哈布斯堡王朝中兴史

作　　者：	[英]詹姆斯·弗兰克·布莱特
译　　者：	崔冉冉
选题策划：	华盛章世
插图供应：	029—85504182
责任编辑：	孙念
出版发行：	华文出版社
社　　址：	北京市西城区广外大街305号8区2号楼
邮政编码：	100055
网　　址：	http://www.hwcbs.com.cn
电　　话：	总编室010—58336239 发行部010—58336212
经　　销：	新华书店
印　　刷：	三河市国英印务有限公司
开　　本：	710×1000　1/16
印　　张：	19
字　　数：	270千字
版　　次：	2020年1月第1版
印　　次：	2020年1月第1次印刷
标准书号：	ISBN 978-7-5075-5205-8
定　　价：	75.00元

版权所有　侵权必究

出版前言

随着中国开放的大门越开越大,关注世界各国尤其是西方国家文明的源流、发展和未来已经成为当下世界史研究的一个热点。为了系统地推出一套强调"史源性"且在现有世界史出版物中具有拾遗补阙价值的作品,我们经过认真论证,推出了"华文全球史"系列,首次出版约为一百个品种。

"华文全球史"系列从书目选择到译者的确定,从书稿中图片的采用到人名地名的规范,都有比较严格的遴选规定、编审要求和成稿检查,目的就是要奉献给读者一套具有学术性、权威性和高质量的世界史系列图书。

书目的选择。本系列图书重视世界史学科建设,视角宽阔,层级明晰,数量均衡,有所突出。计划出版的华文全球史中,既有通史,也有专题史,还有回忆录,基本上是世界历史著作中的上乘之作,很大程度上填补了国内同类作品出版的空白。

人名地名规范。本系列图书中人名地名,翻译规范,重视专业性。同时,在人名翻译方面,我们坚持"姓名皆全"的原则,加大考据力度,从而实现了有姓必有名,有名必有姓,方便了读者的使用。另外,在注释方面,书中既有原书注,完整地保留了原著中的注释;也有译者注,体现了译者的研究性成果。

书中的插图。本系列图书的一个重要特点是书中都有功能性插图,这些插图全方位、多层次、宽视角反映当时重大历史事件,或与事件的场景密切相关,涉及政治、军事、经济、社会、外交、人物、地理、民俗、生活等方面的绘画作品与摄影作品。功能性插图与文字结合，赋予文字视觉的艺术，增加了文字的内涵。

译者的确定。本系列图书的翻译主要凭借的是一个以大学教师为主的翻译团队，团队中不乏知名教授和相关领域的资深人士。他们治学严谨，译笔优美，为确保质量奉献良多。

"华文全球史"系列作为一套具有较高学术价值的优秀的世界历史丛书，对增加读者的知识，开阔读者的视野，具有积极的意义。同时要看到，一方面很多西方历史学家的观点符合事实，另一方面不少西方历史学家的观点值得商榷，对于这些，我们希望读者不要不加分析地全盘接受或全盘否定，而是要批判地吸收外国文化中有益的东西。

华文出版社

2019年8月

穆尔维茨战役

罗伯特·沃波尔

维克多·弗朗索瓦·布罗格利

丰特努瓦战役（其二）

围攻布鲁塞尔

罗库战役

罗布西茨战役

七年战争中的恩斯特·吉迪恩·冯·劳东

罗斯巴赫会战中的普鲁士骑兵

罗斯巴赫会战中的普鲁士炮兵

罗斯巴赫会战中与敌军交战的普鲁士骑兵

洛伊滕会战中的普鲁士步兵

洛伊滕会战

曹恩道夫战役

晚年的玛丽亚·特蕾莎

序 言

本书内容以玛丽亚·特蕾莎①的政治生涯为中心。该部分内容也将在第二卷《约瑟夫二世》有部分呈现。这看似不合常理,但作者在此会解释这样安排的原因。约瑟夫二世②的统治和母亲玛丽亚·特蕾莎的统治衔接紧密,他们曾共同

玛丽亚·特蕾莎一家

---

① 玛丽亚·特蕾莎(1717—1780),哈布斯堡王朝唯一的女性统治者。玛丽亚·特蕾莎是神圣罗马帝国皇帝查理六世的女儿,神圣罗马帝国皇帝弗朗茨一世的妻子。——译者注(本书中除原注外,均为译者注,不再另行说明)
② 约瑟夫二世(1741—1790),玛丽亚·特蕾莎与其丈夫神圣罗马帝国皇帝弗朗茨一世的长子,1765年8月继位成为神圣罗马帝国皇帝,并于1780年11月成为哈布斯堡王朝的唯一统治者。

执政十五年。在此期间，约瑟夫二世的影响不断扩大。如果不考虑约瑟夫二世的性格和观点就试图评价玛丽亚·特蕾莎的政治行为是有失公允的。作为奥地利大公国的唯一统治者，约瑟夫二世在统治期间只不过是推行实现了玛丽亚·特蕾莎在位期间的改革举措。几乎在整个约瑟夫二世统治时期，首相考尼茨–里特贝格伯爵·文策尔·安东在外交事务中一直占据着主导地位。事实上，考尼茨–里特贝格伯爵·文策尔·安东的政治生涯与这两位统治者息息相关。欧洲历史记载了约瑟夫二世和玛丽亚·特蕾莎的共同执政。无论后来欧洲政治格局如何，各国都受到了法国大革命产生的新力量的冲击。但从两任大公的内部政策仍可看出其统治的连续性。这一时期不可分割，因为约瑟夫二世和玛丽亚·特蕾莎都在努力维护君主制度，争取在不动摇宪法的情况下满足新时代的进步要求。因此，人们认为最好将这一时期作为一个整体来看，以避免不完整及造成不必要的重复。如果分开撰写两任大公，那么遗漏和重复将在所难免。

目 录

001 **第 1 章**
奥地利王位继承战争（1740—1743）

039 **第 2 章**
奥地利王位继承战争（1743—1745）

071 **第 3 章**
奥地利王位继承战争（1745—1748）

091 **第 4 章**
玛丽亚·特蕾莎早期的改革（1748—1757）

113 **第 5 章**
联盟体系的演变（1748—1755）

141 **第 6 章**
联盟体系的演变（1756—1757）

159 **第 7 章**
七年战争（1757—1760）

199	**第 8 章**	
	七年战争（1760—1763）	

227	**第 9 章**	
	内政（1758—1765）	

249	**第 10 章**	
	内政（1765—1770）	

273	译名对照表

第1章
奥地利王位继承战争
(1740—1743)

精彩看点

影响世界历史的两类政治家——外交问题——君主制面临考验——奥地利大公国的艰难时期——《国事诏书》——查理六世的筹谋——普鲁士王国崛起对奥地利大公国造成打击——大不列颠王国的政策——玛丽亚·特蕾莎无奈让步——匈牙利的分离主义倾向——玛丽亚·特蕾莎加冕——巴伐利亚选帝侯查理·阿尔伯特当选神圣罗马帝国皇帝——《布雷斯劳条约》

玛丽亚·特蕾莎的政治生涯坎坷而辉煌,所以从政治角度讲述玛丽亚·特蕾莎的才能并非易事。影响世界历史的政治家大致分为两类。一类是那些本身就是国家元首或征服者的人,他们有权在社会生活的方方面面实施手中的权力。另一类是那些聪明、才智远超其统治者的人,他们很乐意为国王分担责任,担任首相,处理政府关注或棘手的事情。18世纪后半叶的奥地利政治家不可能拥有这样的地位,因为当时的奥地利大公国王储并没有将权力下放。奥地利大公国王储虽然性格各不相同,但都决心成为实至名归的统治者。玛丽亚·特蕾莎具备坚定不移的爱国精神,约瑟夫二世有些冒失冲动且教条主义,利奥波德二世①行事谨慎,富有智慧。三位君主都将自我意愿摆在首位,致使当时根本无法出现一位才智出众的首相。即使如此,也不能将当时所有的成败都归因于统治者。考尼茨-里特贝格伯爵·文策尔·安东对奥地利的发展也起了很大的作用。他在四十年中担任了三位君主的首席顾问,全权负责处理国家外交方面的一切事务。他曾三次辞职,但都被拒绝。虽然考尼茨-里特贝格伯爵·文策尔·安东临终之前对贤明但冲动的利奥波德二世多有不满,但利奥波德二世依然善待考尼茨-里特贝格伯爵·文策尔·安东。同时,同僚也敬重考尼茨-里特贝格伯爵·文策

---

① 利奥波德二世(1747—1792),1765年到1790年为奥地利大公和托斯卡纳大公,1790年到1792年是神圣罗马帝国皇帝、匈牙利国王,以及波希米亚国王。利奥波德二世是玛丽亚·特蕾莎与其丈夫神圣罗马帝国皇帝弗朗茨一世的儿子。

利奥波德二世

考尼茨-里特贝格伯爵·文策尔·安东

尔·安东。此外，作为顾问，弗雷德里希·威廉·冯·霍格维茨伯爵也影响了奥地利大公国的发展。弗雷德里希·威廉·冯·霍格维茨伯爵的建议显然构成了奥地利大公国国内改革的基础。如果没有这些改革，那么奥地利大公国的覆灭将难以避免。

玛丽亚·特蕾莎继位成为奥地利大公国君主，人们很难区分某些决定是她本人还是顾问们做的，因为这么年轻的君主很难反对顾问们的意见。在大臣们给予的压力下，玛丽亚·特蕾莎不得不一次次放弃自己鲜明的立场，背弃自己的

弗雷德里希·威廉·冯·霍格维茨伯爵

勃勃雄心,她曾强烈地抗议自己受到的冒犯,以维护自己的尊严,也曾因希望落空而痛心流泪,但最后,她不得不遵从大臣们的意志。区分君主行为和顾问行为的另一个困难在于奥地利政府的形式及当时的历史背景。腓特烈大帝①是一个实干家,可以决定政府采取的所有措施。腓特烈大帝的丰功伟绩足以说明一切。如果一个国家的宪政能够得到保证,首相的职责能够明确,那么就不难追踪公共事件的源头。反之,如果一个国家的政策不公平,大臣只能秘密提出建议,那么,从表面上看,一切决定都是君主做的,人们也就无法衡量顾问行为和君主行为谁的占主导。

以上讨论的问题大多是外交问题。从本质上来说,外交行为和政策是隐秘的,外交成果是通过妥协和让步取得的。外交活动参与者很少表明其真实目的和愿望。因此,评判外交家工作的价值只能依靠推论而无法完全依据事实。

因此,只有在事实不清楚的情况下,我们才笼统地将奥地利大公国取得的政治成果归功于玛丽亚·特蕾莎。这些举措有好也有坏,但确实帮助奥地利大公国度过了查理六世②驾崩后的关键时刻。

对于奥地利大公国甚至整个欧洲而言,查理六世驾崩后一段时期的形势都很严峻。自中世纪欧洲体系解体后,欧洲就形成了目前看似永久性的政权组织形式。在任何情况下,君主制的地位都难以撼动,甚至愈发稳固。后来,欧洲的割据势力纷纷带领各自的人民建立了王国,这使欧洲除了结盟,再无其他联合。君主对领土所有权的态度与人们对财产自由的态度非常相似。批判精神曾在欧洲旧格局中发挥了调节作用,但如今没有起到任何作用。如今,君主制本身正在面临考验。政治哲学已经开始质疑王室权力的来源。大不列颠王国已经认可公民在任何情况下都拥有对本国事务的发言权。欧洲专制君主目前有两个选择,一是被迫与臣民分享权力,二是通过稳固人民信赖的政府来证明自己的合法地

---

① 腓特烈大帝(1712—1786),1740年继位成为普鲁士国王,是霍亨索伦王朝统治时间最长的国王。在腓特烈大帝的统治下,普鲁士成为欧洲首屈一指的军事强国。腓特烈大帝也被称为腓特烈二世。
② 查理六世(1685—1740),1711年,查理六世继位成为神圣罗马帝国皇帝。查理六世娶了不伦瑞克-沃尔芬比特尔的伊丽莎白·克里斯汀为妻,并生下了两个孩子:哈布斯堡王朝的君主玛丽亚·特蕾莎和奥地利、荷兰总督玛丽亚·安娜。

腓特烈大帝

查理六世

位，但他们会做何选择还未可知。早在18世纪后半叶，这个问题就已被提出。事实上，大不列颠王国已经认可了公民的权力，而法国大革命是在其基础上取得的进一步的胜利。在法国大革命的洪流席卷整个欧洲之前，头戴王冠的君主尚有一点儿时间，他们可以通过改革证明自己配为国王。

虽然欧洲各国的君主纷纷实行改革，但各国的对外关系并未改变。当时几乎没有民族情感的概念。欧洲政治仍在遵循权力平衡的原则，但这种平衡在很大程度上仍然属于君主间的平衡，而不是人民的平衡。如果君主在统治期内因人民生活压抑而受到谴责，那么现有的平衡制度将不得不面临新政权崛起带来的冲击。

相比其他国家，奥地利大公国在这一困难时期中受到的影响更大。首先，奥地利大公国议会政治关系复杂，毫无联合存在；其次，奥地利大公国各省关系疏远，毫无纽带可言；最后，人民毫无权力，完全仰赖统治者。除波兰-立陶宛联邦外，没有其他欧洲国家坚持保留中世纪的陈腐教条，也没有任何国家的贵族特权如此之大。同时，因为勃兰登堡王朝的入侵，奥地利大公国的对外关系比其他任何国家都要复杂。此外，俄罗斯帝国正在崛起，并在以一种不可预知的力量压制着奥地利大公国。

即使一个帝国某些方面做得很成功，但要带领这个帝国度过如此艰难的时期，必须有一位才智过人的政治家。奥地利大公国政策的成功一方面取决于玛丽亚·特蕾莎本人，另一方面则应归功于为她提供建议的有才之人。其中最重要的就是考尼茨-里特贝格伯爵·文策尔·安东。

查理六世统治结束后，奥地利大公国经历了一段十分艰难的时期。查理六世一生最大的热情便是设法将奥地利大公国大公之位传给自己的后代。因为没有男性继承人，查理六世便试图让诸侯签署《国事诏书》[①]，以确保女儿玛丽亚·特蕾莎顺利继位。同时，查理六世还努力争取诸侯接受该协议及其他大国的保证。为此，查理六世付出了高昂的代价。譬如，做出巨大让步换得波兰王位

---

① 1713年4月19日，为了确保女儿玛丽亚·特蕾莎顺利继承哈布斯堡王室世袭的领地，查理六世颁布《国事诏书》。

继承战争的结束；将那不勒斯和西西里岛让给西班牙王国；导致伦巴第大面积领土落入撒丁国王查理·伊曼纽三世手中；为换取托斯卡纳公爵领地，将洛林公国交还法兰西王国；与奥斯曼帝国的最后一次战争结束后，《贝尔格莱德条约》剥夺了奥地利大公国在塞尔维亚和瓦拉几亚的大部分领土。同时，查理六世的统治势力也遭到了大幅削弱。查理六世驾崩后，人们不由得发问，查理六世的女儿玛丽亚·特蕾莎能否顺利继承势力遭到削弱的王位？查理六世晚年的努力是否会白费？

当时，欧洲政治道德沦丧，人们不禁怀疑如果《国事诏书》不利于签署国的国家利益，那么该诏书是否还具有约束力。玛丽亚·特蕾莎还是一位毫无政治

撒丁国王查理·伊曼纽三世

1728年的玛丽亚·特蕾莎

经验的公主,此时,她不得不为获得权力付出代价。这让那些曾答应保证她顺利继位的人感到良心不安。在这种情况下,那些被《国事诏书》排除在外的王储看到了重获机会的可能。当时,巴伐利亚选帝侯查理·阿尔伯特不仅对奥地利大公国表现出了友好态度,甚至在奥地利大公国与奥斯曼帝国的战争中,向奥地利大公国军队提供了援助。但众所周知,巴伐利亚选帝侯查理·阿尔伯特之所以这么做,是因为当时正在审议的一项计划。按照该计划,年轻的玛丽亚·安娜女大公将与巴伐利亚选帝侯查理·阿尔伯特成婚,并为巴伐利亚带去大面积的奥地利大公国领土。后来,因为该计划实施无望,巴伐利亚选帝侯查理·阿尔伯特又恢复了对奥地利大公国的敌对态度。萨克森选帝侯弗里德里希·奥古斯特二世对奥地利王室满怀感激，因为奥地利大公国为了让他登上波兰王位不惜面临战争爆发的危险。但现在奥地利王室也无法完全信赖萨克森选帝侯弗里德里希·奥古斯特二世。西班牙王后伊丽莎白·法尔内塞野心勃勃。在过去三十年里，她一直是欧洲各国君主的心腹大患。现在，西班牙王后伊丽莎白·法尔内塞仍影响着西班牙王国政策的制定。她渴望在意大利再分一杯羹。作为萨伏伊家族的真正代表，撒丁国王查理·伊曼纽三世将不惜一切代价来巩固自己的统治。

然而，除非得到法兰西王国的支持，否则这些国家不可能采取任何行动。虽然其他各国对玛丽亚·特蕾莎继位一事做出了肯定答复，答应履行对查理六世做出的承诺，但法兰西王国迟迟未做答复。事实上，法兰西王国政府正在考虑

西班牙王后伊丽莎白·法尔内塞

安德烈·埃居尔·德·弗勒里主教

如何逃避履行承诺。虽然人们都认为安德烈·埃居尔·德·弗勒里主教是渴望和平之人,但他对波旁王朝的宏伟追求与他对和平的渴望不相上下。安德烈·埃居尔·德·弗勒里主教年事已高。无论此时选择继续担当法兰西王国决策负责人,还是让位于年轻一代,安德烈·埃居尔·德·弗勒里主教都愿意倾听查尔斯·路易·奥古斯特·富凯元帅深谋远虑的计划。这些计划的目的几乎等同瓦解奥地利大公国,也就是让奥地利大公国给予每一个索要赔偿的人一些恩惠。既然玛丽亚·特蕾莎满足于匈牙利王国和恩斯河对岸的奥地利大公国,那么查理六世驾崩后,一位巴伐利亚选帝侯将在法兰西王国的支持下继承神圣罗马帝国的皇位。这样一来,法兰西王国就会成为欧洲大陆的霸主,无人能敌。

奥地利大公国目前资源不足，因而难以成功化解这一危险。奥地利大公国此时缺乏民族精神。虽然查理六世曾慷慨地赐予上层贵族金钱和土地，但金钱和土地并没有换来相应的忠诚，因为上层贵族本就不该受此馈赠。也正是因为这种馈赠，上层贵族才丧失了本性，爱国主义在他们心中已远不及个人与家庭的财富重要。整个上层贵族都在追求各自的利益。与此同时，沉重的苛捐杂税与不公正的领土管辖权让人们痛苦不堪，渴望解放。然而，因为年轻的玛丽亚·特蕾莎没有承诺限制自私自利的上层贵族，所以人们寄希望于巴伐利亚而不是奥地利大公国。在统治的最后几年，查理六世一直在为玛丽亚·特蕾莎的继位筹谋，但这除了让国家的公德精神丧失，还严重影响了玛丽亚·特蕾莎抵御危机的能力。因为在灾难性的战争过后，国家财政也崩溃了。

奥地利大公国国民实际收入仅有账面收入的一半多一点。繁重的税收给国家工业造成了沉重负担。匈牙利和世袭领地的人们都遭到了沉重的剥削，已经不堪重负。军队与财政都面临着危机。国家登记在册的士兵共十六万名，但实际可作战人数则只有在册人数的一半。军队士兵不仅人数不多，且十分分散。为了维持军队的战斗力，人们觉得有必要将士兵分为四到五人的小队，并将其分配到低地国家的村庄里。军官们的纪律也十分松散。这些军官都出自贵族阶层。对于他们而言，玩忽职守、享受安逸的生活早已是常态。此外，战败的恐惧仍笼罩着整个军队。

中央政府没有妥善地修复这种灾难性的局面。查理六世在位时的所有大臣都继续留任。这个议会（或者说是内阁）本应是国家政治关系的主导，现在却由一群充满偏见、老迈的政治家主导着。这些政治家受巴滕施泰因领导。巴滕施泰因因社会地位不高难以进入上层贵族圈，但他精力充沛，极具语言天赋。他此时对法兰西王国的盲目信任令他备受瞩目。

如果奥地利大公国资源薄弱，那它就无法从与之相关的联盟体系中获取任何力量。欧洲的政治格局本应建立在平衡原则的基础上，但后来逐渐演变成两大联盟的互相对立。法王路易十四——路易·迪厄多内·波旁野心勃勃的政策，以及法兰西王国在《威斯特伐利亚和约》签订后大幅增长的势力，使法兰西王

查尔斯·路易·奥古斯特·富凯元帅

法王路易十四

威廉三世

国成了欧洲永久的恐惧。当时的情况是,威廉三世领导着一个联合政府,而大不列颠王国和法兰西王国统治者则分别领导着各自的同盟国,双方将欧洲划分为两大政治格局。因此,玛丽亚·特蕾莎希望在海上大国中找到可依赖的盟友,从而与盟友联合对抗法兰西王国的阴谋。按照传统,她应该向俄罗斯帝国和德意志北部的王公求助。无数次的争端早已削弱了大不列颠王国和奥地利大公国之间本来存在的友谊。这些争端多与商业贸易相关。在俄罗斯帝国的安娜一世·伊凡诺芙娜驾崩后,俄罗斯帝国国内的困难很快便使国内活动陷于瘫痪。年轻的普鲁士王国国王腓特烈大帝一心要为自己的国家争取至高的权力和地位。因此,腓特烈大帝在两个联盟之间不断徘徊,随时准备加入适合自己开展计划的联盟中。

出人意料的是，正是普鲁士王国这个雄心勃勃、正在崛起的大国对奥地利大公国造成第一次打击，同时给玛丽亚·特蕾莎造成了心理创伤，从而影响了她的整个人生信条。近年来，人们一直在为腓特烈大帝攻击西里西亚的行为进行辩护。腓特烈大帝告诉众人他发动战争是为了赢得声誉，以及摆脱父亲腓特烈·威廉一世因采取中立政策而受到的轻视。虽然我们难以判断该动机是否真实，但腓特烈大帝仍将过时的主张当作借口。当时，在对周边国家的形势进行观察之后，腓特烈大帝选择在最有机会获胜的地区实施军事计划。腓特烈大帝曾想索取贝格大公国，但这块领地靠近法兰西王国，同时距离普鲁士王国首都柏林很远。因此，人们不禁怀疑他是否可以取得成功。另外，这块领地十分小，即使占有了它，也只能为普鲁士王国增添些许土地，并没有什么大的作用。考虑到这些情况，腓特烈大帝将目标转向奥地利大公国。腓特烈大帝注意到了奥地利大公国的弱点，即"担任奥地利大公国君主的是一位年轻又毫无经验的公主"。腓特烈大帝当时就决定占有西里西亚，以将西里西亚与普鲁士王国的中央领土合并。这将是腓特烈大帝能够采取的最好策略，也是他追求名望的最好机会。

这一打击恰逢其时。虽然腓特烈大帝缺乏诚实和骑士精神，但其军事行动却凸显了他的远见卓识和政治才能。很明显，腓特烈大帝执意将心中难以抑制的敌对情绪发泄到玛丽亚·特蕾莎身上，从而打倒玛丽亚·特蕾莎。然而，腓特烈大帝对奥地利大公国并无太深的敌意，对法兰西王国也没有特别的好感。如果奥地利大公国答应腓特烈大帝索要西里西亚的要求，那么腓特烈大帝将投入全部力量来保护奥地利大公国其余领土的安全，同时利用自己的影响力，帮助玛丽亚·特蕾莎将自己不能得到的皇冠戴在玛丽亚·特蕾莎的丈夫——洛林公爵弗朗茨·斯蒂芬头上。玛丽亚·特蕾莎此时孤立无援。对她来说，阴谋似乎远比坦率和公开的敌视更令她痛苦。因此，玛丽亚·特蕾莎一生都不会原谅腓特烈大帝乘人之危的举动，也永远不会忘记腓特烈大帝给自己造成的损失。事实证明，腓特烈大帝利用玛丽亚·特蕾莎的个人弱点进行政治算计的行为无比错误。玛丽亚·特蕾莎比任何君主都更加坚定地维护国家的权力，也比任何君主更有

安娜一世·伊凡诺芙娜

腓特烈·威廉一世

能力鼓舞士气。玛丽亚·特蕾莎执政初期的任何让步都不是因为缺乏勇气,而是因为外部环境给她很大压力,以及她周围那些老顾问不明智的建议。

如果是玛丽亚·特蕾莎自己决定国家事务,那么她将义愤填膺地拒绝腓特烈大帝的所有提议。因为她当时还没有完全意识到自己处境的危险,同时仍对安德烈·埃居尔·德·弗勒里主教抱有一丝信任。

玛丽亚·特蕾莎发现巴滕施泰因与自己一样坚决维护国家利益。巴滕施泰因说道:"指望腓特烈大帝变得友善,好比指望黑人能洗白一样。"奥地利大公国的责任在于控制各国新增势力,因为这些势力的入侵有可能完全切断神圣罗马帝国内部已经松弛的纽带。但议会中那些相对软弱的成员,甚至玛丽亚·特蕾莎的丈夫洛林公爵弗朗茨·斯蒂芬,都认为让步是奥地利大公国唯一的选择,并且不断地向玛丽亚·特蕾莎施压。

洛林公爵弗朗茨·斯蒂芬

大不列颠王国政府采取的方针也非常重要。出于无休止的嫉妒，大不列颠王国政治家在敏锐地观察着波旁王朝的一举一动。因此，法兰西王国在边境上的战争准备并没有逃过大不列颠王国政治家的眼睛。在与西班牙王国的战争中，大不列颠王国政府已经意识到有必要在不久之后重建大联盟，以遏制法兰西王国波旁王朝再次燃起的侵略意图。大不列颠王国外交政策有一个固定原则，即与奥地利大公国保持紧密的联盟关系，同时将其作为遏制法兰西王国在欧洲影响力的必要砝码。如果与奥地利大公国的友好关系能够得到保障，那么大不列颠王国将成为欧洲联盟中举足轻重的力量。然而，大不列颠王国很难因维护奥地利大公国的利益而反对神圣罗马帝国内部的另一大强国——普鲁士王国。因此，虽然欧洲各国对普鲁士国王腓特烈大帝的粗野行径不乏愤慨之情，大不列颠王国政府宣称已经准备好在必要的时候帮助奥地利大公国，但玛丽亚·特蕾莎还是不得不注意来自法兰西王国的威胁。法兰西王国的态度似乎揭穿了安德烈·埃居尔·德·弗勒里主教的谎言，并且使玛丽亚·特蕾莎觉得即使付出高昂代价，也要与腓特烈大帝建立友谊。如果不能建立友谊，至少也要让腓特烈大帝保持中立。

玛丽亚·特蕾莎很不情愿地开始让步，但小小的让步并没有产生多大作用。大不列颠王国大使托第一代格兰瑟姆男爵马斯·鲁滨孙曾一次次地担任谈判代表，与奥地利大公国进行谈判，最终却徒劳无功。在第一代格兰瑟姆男爵托马斯·鲁滨孙苦苦哀求玛丽亚·特蕾莎做出让步时，腓特烈大帝的军队早已准备就绪。玛丽亚·特蕾莎每做出一点让步，腓特烈大帝的要求就提高一点，直到最后普鲁士王国拿下了整个下西里西亚和布雷斯劳。玛丽亚·特蕾莎一刻也不想再看到这样的局面。大不列颠王国大使的干预加深了老盟友之间的敌意，并且进一步激化了各国的矛盾。后来，这些利益分歧彻底改变了整个欧洲的政治格局。这种干预对于维护和平毫无意义。经过多次劝说，玛丽亚·特蕾莎通过大不列颠王国大使做出了让步，但这些让步远远不够。腓特烈大帝毅然拒绝了玛丽亚·特蕾莎的所有让步，并且结束了进一步谈判，他愤慨地表示"这些让步迫使他对盟友不忠"。

穆尔维茨战场上发起冲锋的普鲁士士兵

"盟友"这个词充满了不祥的含义,因为潜在的危险已经来临——法兰西王国和普鲁士王国结成了联盟。1741年4月10日,普鲁士王国在穆尔维茨取得了胜利,从而打消了安德烈·埃居尔·德·弗勒里主教最后的顾虑。安德烈·埃居尔·德·弗勒里主教承诺在接下来的一个月里通过《尼芬堡条约》协助巴伐利亚选帝侯查理·阿尔伯特获得神圣罗马帝国皇帝候选资格及奥地利大公国的继承权。安德烈·埃居尔·德·弗勒里主教接下来要做的就是完成与普鲁士王国的谈判。一系列结盟使各国纷纷开始行动。查尔斯·路易·奥古斯特·富凯元帅的伟大计划似乎就要实现了。巴伐利亚选帝侯查理·阿尔伯特首先对帕绍发起了攻击。虽然奥地利大公国军队大部分部署在西里西亚,但无人能抵挡法兰西-巴伐利亚军队的前进。最终,通往维也纳的大门也向它们敞开了。

化解这场难以抵挡的危机是玛丽亚·特蕾莎在早期执政过程中的一大重要举措。这大抵是因为匈牙利人民强烈的爱国主义情感。更确切地说,这取决于奥地利大公国所有对手之间复杂的关系,还有玛丽亚·特蕾莎非凡的能力和勇气,以及她个人拥有的能够感染所有接近她的人的非凡魅力。

匈牙利的分离主义倾向一直是奥地利大公国困难和危险的根源。匈牙利人敏锐地感知到自己的国家有可能被奥地利大公国吞并、同化，因而他们一次次地反对中央集权。近几年来，他们确实表现出了忠诚。奥地利人接受了《国事诏书》，甚至臣服于玛丽亚·特蕾莎的丈夫洛林公爵弗朗茨·斯蒂芬。然而，一旦回想起匈牙利大公国过去的敌对行动及匈牙利与土耳其宫廷不断的阴谋算计，奥地利大公国就难以充分信任匈牙利。从继位那刻起，玛丽亚·特蕾莎便意识到了得到匈牙利支持的重要性，因为匈牙利占据了奥地利大公国很大一部分领土。玛丽亚·特蕾莎十分明智，她试图消除一切争端的根源。因此，在继位之后，玛丽亚·特蕾莎便立即发信确保匈牙利臣民的自由，同时全权委托最受匈牙利人欢迎，也最具影响力的约翰·巴尔非负责匈牙利事务。到目前为止，这一举措非常成功。普鲁士王

约翰·巴尔非

童年时代的约瑟夫

国入侵西里西亚一事激发了匈牙利人的爱国热情。匈牙利人宣誓效忠玛丽亚·特蕾莎,并表示愿意拿起武器保卫奥地利大公国。

匈牙利人一心追求自由,但这种追求可能对奥地利大公国不利。因此,奥地利大公国宫廷对玛丽亚·特蕾莎授权匈牙利拥有独立武装的决策表示质疑。但奥地利大公国还是借助当前的忠诚浪潮,召集国会为新君主的正式加冕做了准备。因为玛丽亚·特蕾莎迅速承认了议会在国家中的地位,再加上玛丽亚·特蕾莎生下了第一个儿子约瑟夫,议会成员对玛丽亚·特蕾莎的态度开始好转,并且热情地接受了玛丽亚·特蕾莎的邀请。确定迎接玛丽亚·特蕾莎的欢呼语也是一件重大的事情。"女王万岁"成为既定的话语。然而,议会成员绝不允许加冕礼不按传统惯例进行。在宣布加冕誓言之前,玛丽亚·特蕾莎有必要与议会成员进行大量的商讨谈判,其中也包括她需要做出的承诺。

商讨谈判结束后,盛大的加冕仪式拉开帷幕。年轻的玛丽亚·特蕾莎穿着匈牙利式礼服慢跑上了"加冕山",挥舞着圣史蒂芬的剑,向着天空画十字,表明她将保卫奥地利大公国并从四面八方扩大国家疆域的决心。人们热情高涨,欢呼声四起。

"加冕山"上的玛丽亚·特蕾莎

然而，仪式刚结束，奥地利大公国政府便开始再次陷入极其困难的境地，即如何在不损害其自身利益的情况下保证国民的信心。这时，加冕礼的礼物数量、加冕礼的方式、议会的组成、是否将外国人排除在议会之外，以及是否接受洛林公爵弗朗茨·斯蒂芬作为玛丽亚·特蕾莎的联合执政者等问题都成了议会成员激烈讨论的话题。因为讨论激烈，议会不止一次濒临解散，国家即将变得混乱无序。灾难之所以没有发生，完全是因为玛丽亚·特蕾莎本人的智慧和机智。玛丽亚·特蕾莎充分利用了自己的特殊魅力。即使遭到拒绝，她也会表现得很有风度。最终，玛丽亚·特蕾莎成功扭转了混乱的局面。

玛丽亚·特蕾莎召集了参众两院的议员们，真切地描述了自己处境的困难，同时表示相信匈牙利人忠贞的爱国情感，愿意将自己、自己的孩子们及王位和王国托付给匈牙利人。台下瞬间群情激昂。玛丽亚·特蕾莎含泪结束了讲话。大厅里回荡着"女王万岁"。玛丽亚·特蕾莎此次讲话要表达的是，她已经在与匈牙利贵族的私人会议上授权武装援助匈牙利人，不再因德意志顾问觉得匈牙利人不可信任而有所顾忌。玛丽亚·特蕾莎决定在全国范围内征兵，即"起义军"。宪法允许君主在极端危险的时刻做出这种决定。在国会解散之前，玛丽亚·特蕾莎得到了对她来说最重要的两个承诺。其一，承认其丈夫洛林公爵弗朗茨·斯蒂芬的地位；其二，为奥地利大公国提供大量的武装援助。玛丽亚·特蕾莎虽然为了取得谈判的成功做出很大的让步，譬如批准了匈牙利的安德鲁二世提交的整个宪章内容，但除了批准起义条款，玛丽亚·特蕾莎拒绝了下议院提出的设立专门枢密院及建立完全区别于其他省政府的迫切要求。

然而，奥地利大公国从匈牙利获得的援助既没有预期的多，也没有产生预期的效果。之后，玛丽亚·特蕾莎统治下的奥地利大公国的安全得以保障主要因为对手的失误，而不是自身的强大。对手内部的相互猜忌阻碍了它们进一步入侵奥地利大公国。法兰西王国担心巴伐利亚选帝侯查理·阿尔伯特顺利继位后会不再受其管控。腓特烈大帝看到法兰西王国在德意志的势力不断增长，不禁对此感到担忧。巴伐利亚选帝侯查理·阿尔伯特又不敢相信自己在波希米亚的萨克森盟友。这导致各国丧失了入侵奥地利大公国的机会。同时，联盟军队在维也纳的行军受到了阻碍，并转向了布拉格。而巴伐利亚选帝侯查理·阿尔伯特本人则急于赶往法兰克福夺取神圣罗马帝国皇位。

对玛丽亚·特蕾莎来说，神圣罗马帝国皇位的重要性仅次于保证《国事诏书》的效力。作为奥地利大公国的女王，玛丽亚·特蕾莎不能眼睁睁看着神圣罗马帝国皇帝的尊荣不再归属奥地利大公国，因为这份尊荣一直是奥地利大公国统治神圣罗马帝国的根基。作为一位尽职尽责的妻子，玛丽亚·特蕾莎热切地希望自己的丈夫当选。查理六世没有直系男性继承人，因而洛林公爵弗朗茨·斯蒂芬本应该是查理六世的顺位继承人。但不幸的是，玛丽亚·特蕾莎的父亲查理六世没有为洛林公爵弗朗茨·斯蒂芬争取到神圣罗马帝国的皇位。一些选帝侯对神圣罗马帝国皇位的世袭体系非常不满，便决定从选帝侯中选出一位当皇帝，以确保各国领土的独立。最后，他们的目光聚集在了巴伐利亚选帝侯查理·阿尔伯特身上。大多数选帝侯会支持巴伐利亚选帝侯查理·阿尔伯特，这是不争的事实。萨克森选帝侯弗里德里希·奥古斯特二世是奥地利大公国的对手之一。大不列颠国王乔治二世因维持汉诺威的中立而无法投票给奥地利大公国选帝侯。一方面，波希米亚对巴伐利亚表示了好感。另一方面，洛林公爵弗朗茨·斯蒂芬成了玛丽亚·特蕾莎的联合执政者。最后，因为难以在巴伐利亚选帝侯查理·阿尔伯特和洛林公爵弗朗茨·斯蒂芬之间做出选择，波希米亚放弃了投票。勃兰登堡将支持哪一方，已经毋庸置疑。因此，只有法兰西王国才能解决这个问题。1742年2月12日，巴伐利亚选帝侯查理·阿尔伯特当选神圣罗马帝国皇帝，史称查理七世。

神圣罗马帝国皇帝查理七世获得这个头衔多少有点名不副实。当神圣罗马帝国皇帝查理七世在法兰克福接受加冕时，奥地利大公国军队占领了巴伐利亚首府慕尼黑。为了能与腓特烈大帝和平相处，玛丽亚·特蕾莎曾向现实屈服，并且于1741年10月9日将下西里西亚割让给了腓特烈大帝。但现在玛丽亚·特蕾莎完全没有了顾忌和束缚。压力的突然消失为奥地利大公国提供了反击巴伐利亚的机会。奥地利大公国现在只须面对一个对手。加上拥有了匈牙利军队的增援，奥地利大公国军队的优势开始凸显。对于奥地利而言，极端危险的时刻已

大不列颠国王乔治二世

神圣罗马帝国皇帝查理七世

经过去了。腓特烈大帝也无法指望玛丽亚·特蕾莎胜利后会继续容忍用领土换和平的方式。玛丽亚·特蕾莎在克莱因施内伦多夫获得了喘息的机会。在被玛丽亚·特蕾莎识破自己的借口后，腓特烈大帝便毫无顾忌地背弃了承诺，重新挑起了战争。这次战争在一定程度上重复了上次战争的情景。大不列颠王国再次前来提出建议，一半出于真诚，一半出于自私。玛丽亚·特蕾莎再次被迫听从建议，做出了更大的让步。1742年6月11日，《布雷斯劳条约》签订，确定了克莱因施内伦多夫的休战。

从那时起，虽然奥地利大公国取得了不同程度的成功，但对手的力量依然非常强大。随着腓特烈大帝退出战争，战争格局变得更加简单明了。大不列颠王国的真正目的是消除障碍，因为这些障碍阻碍了玛丽亚·特蕾莎反对法兰西王国再次崛起的计划。玛丽亚·特蕾莎却对大不列颠王国的目的十分反感。到目前为止，腓特烈大帝言辞伪善、行径恶毒。玛丽亚·特蕾莎对此深感愤怒。玛丽亚·特蕾莎曾被迫割让西里西亚，并且一直期待在未来某个时刻能收回那些被迫割让出去的领土，但现在玛丽亚·特蕾莎暂时搁置了敌对情绪，同时极力呼吁同盟国一起对抗法兰西王国。在玛丽亚·特蕾莎看来，法兰西王国伤害奥地利大公国的行径不亚于腓特烈大帝的所作所为。难道不是因为法兰西王国的威胁掠夺奥地利大公国领土的行为才给了腓特烈大帝入侵奥地利大公国的机会吗？难道不是法兰西王国企图分裂奥地利大公国，甚至整个神圣罗马帝国吗？因此，奥地利大公国与大不列颠王国有着同一伟大目标，即对抗法兰西王国。波旁王朝似乎站立在欧洲大联盟的对立面。因为目标一致，玛丽亚·特蕾莎非常希望大不列颠王国给予奥地利大公国更积极的帮助。随着大不列颠王国内阁发生变动，玛丽亚·特蕾莎的希望实现了。1742年，罗伯特·沃波尔被赶下台。之后，新内阁组成。外交事务转交给了第二代格兰佛伯爵约翰·卡特里特。罗伯特·沃波尔内阁几乎将大不列颠王国反对法兰西王国波旁王朝的斗志消磨了一半。但新内阁上台后再次唤醒了这种反抗精神，同时致力于在错综复杂的大陆政治中寻求利益。

《布雷斯劳条约》不仅恢复了玛丽亚·特蕾莎的自由行动，而且使奥地利大

第二代格兰佛伯爵约翰·卡特里特

公国的对手陷入了危险境地。至此,战局完全扭转过来了。查尔斯·路易·奥古斯特·富凯元帅被关在了布拉格,几乎与法兰西王国断绝了联系。早在1742年,安德烈·埃居尔·德·弗勒里主教便丧失了攻击信心,开始放下架子谈论和平。在一封简短的信里,安德烈·埃居尔·德·弗勒里主教试图将法兰西王国与奥地利大公国关系的破裂完全归咎于查尔斯·路易·奥古斯特·富凯元帅,以此来证明自己行为的正确性。玛丽亚·特蕾莎对安德烈·埃居尔·德·弗勒里主教的示好嗤之以鼻,并将他的信公之于众。查尔斯·路易·奥古斯特·富凯元帅试图从谈判中寻求安全,却只得到了痛苦的教训。玛丽亚·特蕾莎义正词严地回复道:

让·巴蒂斯特·弗朗索瓦·德马雷

"我不会向法兰西王国军队投降。我不会接受安德烈·埃居尔·德·弗勒里主教的任何建议,也不会听取他的任何计划。让他直接与我的盟友沟通。令我惊讶的是,查尔斯·路易·奥古斯特·富凯元帅竟向我示好——他用金钱和承诺激励了几乎所有神圣罗马帝国选帝侯,让他们来打压我。根据我掌握的信息,我可以确定法兰西王国甚至企图在奥地利大公国领土的中心煽动暴乱,企图推翻神圣罗马帝国的基本法律,并在神圣罗马帝国四处煽风点火。我会将这些证据传给后代,让它们成为神圣罗马帝国永远的警醒。"

玛丽亚·特蕾莎相信布拉格的驻军掌握在自己手中。马耶布瓦元帅让·巴蒂斯特·弗朗索瓦·德马雷曾率领援军试图解救查尔斯·路易·奥古斯特·富凯元帅,却无功而返。维克多·弗朗索瓦·布罗格利从布拉格行军来解救查尔斯·路易·奥古斯特·富凯元帅,最后也被赶回了城里。通过运用巧妙策略,查尔斯·路易·奥古斯特·富凯元帅才使法兰西王国军队免于彻底毁灭。他带着一支一万四千人的军队逃离布拉格,虽然遭遇了许多不可避免的痛苦,但最后还是成功抵达了法兰西王国。查尔斯·路易·奥古斯特·富凯元帅的此次行动赢得了欧洲的尊重。

法兰西王国军队从波希米亚撤退。玛丽亚·特蕾莎在布拉格完成了加冕仪式。至此,奥地利大公国重新开始统治祖传领地。现在,玛丽亚·特蕾莎可以开始筹划如何对对手进行报复。失去了西里西亚的奥地利大公国可以从巴伐利亚那里获得一些补偿。这些补偿可以是夺回法兰西王国在波兰战争晚期占领的洛林公国,甚至可以是收回奥地利大公国在意大利失去的一些省份。玛丽亚·特蕾莎成功获得大不列颠王国的援助,而且是大力援助。第二代斯泰尔伯爵约翰·达尔林普尔领导的一支军队正驻扎在佛兰德斯,随时准备横渡莱茵河。大不列颠王国的影响终于使荷兰开始采取行动。大不列颠王国与俄罗斯帝国建立了防御联盟。这场运动非常成功。玛丽亚·特蕾莎的丈夫弗朗茨·斯蒂芬的弟弟洛林公爵查理·亚历山大清除了奥地利大公国在巴伐利亚的障碍。神圣罗马帝国皇帝查理七世被迫同意与奥地利大公国签订中立合约,承认玛丽亚·特蕾莎是奥地利大公国的合法继承人。大不列颠国王乔治二世本人也加入了第二代斯泰尔伯爵约翰·达尔林普尔的军队并取得了德廷根战役的胜利。与其说德廷根战役是一场胜利,不如说是一场意外,因为这只是一次从尴尬境地侥幸脱险的经历。即使如此,德廷根战役的胜利也具有非常强大的影响力。在维也纳,人们谈论的都是法兰西王国的入侵和分裂。玛丽亚·特蕾莎无法理解为什么大不列颠王国在德廷根胜利后变得非常迟缓。但奥地利大公国期望获得大不列颠王国帮助的希望很快就破灭了。奥地利大公国与大不列颠王国的将军们意见不统一,因而难以联合起来攻击法兰西王国。一方面,洛林公爵查理·亚历山大不愿听从大不列颠国王乔治二世的指挥。另一方面,在军队中,大不列颠士兵和德意志士兵相互嫉妒,抵触情绪相当强烈。更糟糕的是,大不列颠国王乔治二世与其首相第二代格兰佛伯爵约翰·卡特里特还在忙于各种外交计划。

第二代斯泰尔伯爵约翰·达尔林普尔

洛林公爵查理·亚历山大

因为认为大不列颠王国帮助了身处困境的玛丽亚·特蕾莎，人们往往觉得大不列颠王国的行为十分仗义。但并不完全是这样的。大不列颠王国出手相助是出于对波旁王朝的仇恨。大不列颠国王乔治二世及其大臣之所以决定这么做，一方面是为了维护汉诺威王朝的安全，另一方面是为了使大不列颠王国以德意志第一帝国仲裁者及和平缔造者的身份出现在世界面前。为了实现目标，大不列颠王国制定了一个又一个方案，譬如巴伐利亚与荷兰交换、巴伐利亚王宫迁入意大利南部的计划、奥地利大公国某些地区的割让，甚至是为世俗君主利益将几个主教教区世俗化的安排。但所有方案都没有涉及承认玛丽亚·特蕾莎王位继承权的问题，也没有涉及为奥地利大公国失去西里西亚争取补偿的问题。奥地利大公国的利益似乎没有在大不列颠王国的考虑范围之内。相反，为了利用撒丁王国来加强联盟，大不列颠王国还不断地向玛丽亚·特蕾莎施加压力，以诱使她将另一部分领地割让给新加入联盟的撒丁王国。因为大不列颠王国忙于外交，其军事行动必然缓慢。经过很长一段时间之后，大不列颠王国军队才渡过莱茵河，抵达沃尔姆斯。1743年9月2日，大不列颠王国终于在沃尔姆斯与撒丁王国缔结条约。在条约未签订之前，大不列颠王国一直对实施重大行动有所顾忌。

第 2 章
奥地利王位继承战争
（1743—1745）

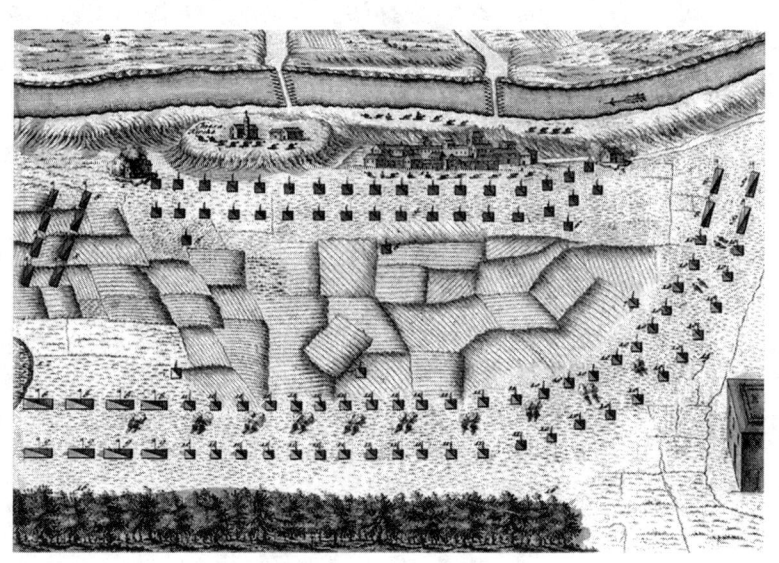

精彩看点

《沃尔姆斯条约》——撒丁国王查理·伊曼纽三世企图扩张领地——玛丽亚·特蕾莎被迫屈服——大不列颠王国要求玛丽亚·特蕾莎与撒丁王国联盟——《沃尔姆斯条约》——保卫世袭领地——腓特烈大帝的行动——《汉诺威条约》——玛丽亚·特蕾莎的强硬态度——苏赫河战役——《德累斯顿条约》

经过长期的战争与谈判，各国最终签署了《沃尔姆斯条约》。《沃尔姆斯条约》签订的同时，中欧发生了一个重大事件。奥地利大公国在意大利与波希米亚的领地遭到了攻击。此次的攻击者是西班牙王国。西班牙王国对奥地利大公国王位继承权提出的要求太高，结果难以实现。然而，这些借口足以成为西班牙国王腓力五世与妻子伊丽莎白·法尔内塞攻击玛丽亚·特蕾莎的借口。西班牙国王腓力五世希望在混乱之中为儿子腓力①争取到在意大利的永久占据权，正如腓力的哥哥卡洛斯②获得的权力一样。

撒丁半岛掌握在撒丁国王查理·伊曼纽三世的手中。如果查理·伊曼纽三世与法兰西王国及西班牙王国结盟，那么查理·伊曼纽三世便可以打开伦巴第的大门。如果查理·伊曼纽三世与奥地利大公国结盟，那么查理·伊曼纽三世将成为各国进攻奥地利大公国的巨大障碍。因此，对于两大阵营而言，查理·伊曼纽三世将依附于哪一方至关重要。但正如撒丁王国其他王储一样，查理·伊曼纽三世也急于扩张领地。查理·伊曼纽三世为人狡猾，工于心计。这种不稳定政策几乎将一个弱小而雄心勃勃的国家夹在了两个强大而敌对的国家之间。很明显，正如腓特烈大帝一样，查理·伊曼纽三世的行为完全取决于自己所处的地位

---

① 即后来的帕尔马大公腓力。
② 即后来的西班牙国王查理三世。

西班牙国王腓力五世

卡洛斯(西班牙国王查理三世)

及个人利益,而不是原则和立场。法兰西王国和西班牙王国都热切地向查理·伊曼纽三世发出了结盟邀请。不久,查理·伊曼纽三世便下定了决心。查理·伊曼纽三世不可能对波旁王朝的威胁视而不见,因为波旁王朝一旦成为撒丁半岛的实际主宰者,查理·伊曼纽三世具备的优势势必减少。因此,查理·伊曼纽三世同意与玛丽亚·特蕾莎结盟,但结盟必须以查理·伊曼纽三世提出的条件为基础。查理·伊曼纽三世的要求非常高。出于安全考虑,查理·伊曼纽三世要求奥地利大公国保证说服大不列颠王国在地中海上保留一支强大的中队。为了弥补萨伏伊和尼斯的损失,查理·伊曼纽三世要求获得巨额补偿。但查理·伊曼纽三世其实什么都没有得到,因为他的扩张必须以放弃帕维亚和米兰的部分领土及菲纳莱侯爵领地为代价。只有付出上述代价,查理·伊曼纽三世才能在海上打开一个出口。

　　玛丽亚·特蕾莎难以接受这些条件。作为君主,玛丽亚·特蕾莎不忍心看到父亲查理六世留下的遗产被不断瓜分。作为一个有尊严的女人,玛丽亚·特蕾莎感到良心不安。玛丽亚·特蕾莎深知自己有责任遵从《国事诏书》。如果自己第一个分裂奥地利大公国,又凭什么要求其他国家履行诺言来维护奥地利大公国的统一呢?一想到菲纳莱的割让,玛丽亚·特蕾莎就更加不安了。菲纳莱割让给了热那亚人。对热那亚人来说,这项安排恰到好处。玛丽亚·特蕾莎虽然因为放弃本来属于自己的领土感到不安,但不得不屈服于现状。危险笼罩着玛丽亚·特蕾莎此时的王位,她别无选择,只能让步,即暂时同查理·伊曼纽三世达成协议,因为玛丽亚·特蕾莎无论如何都要暂时保证与撒丁王国的合作。玛丽亚·特蕾莎的让步正是时候。当时,西班牙舰队成功地避开了大不列颠王国舰队的警戒,其中一支军队已经在意大利登陆。在新盟友撒丁王国的帮助下,奥地利大公国成功化解了危机。查理·伊曼纽三世和奥托·斐迪南·冯·阿本斯伯格·特劳恩元帅成功抵抗住了入侵并占领了摩德纳。在大不列颠王国舰队迫使那不勒斯保持中立时,西班牙人被迫逃到教皇国避难。

　　中欧和意大利都已度过了极度危险时期。这两个地方的安全对玛丽亚·特蕾莎的影响很大。玛丽亚·特蕾莎野心膨胀,已经下决心要复仇。玛丽亚·特蕾莎甚至希望将波旁王朝完全排挤出意大利。但奥地利大公国无法独自实现这么庞大的计划。对于玛丽亚·特蕾莎而言，第一件需要做的事就是改变奥地利大公国与撒丁王国的临时结盟状态，使撒丁王国成为一个永久而紧密的盟友。然而，查理·伊曼纽三世此时却迅速采取了中立政策。因为无论是哈布斯堡王朝还是波旁王朝获得至高无上的地位，对查理·伊曼纽三世的统治都有害无利。查理·伊曼纽三世退出了玛丽亚·特蕾莎的联盟。玛丽亚·特蕾莎对查理·伊曼纽三世的恐惧一笑置之，她深知未来的事态会比较凶险，但她承诺奥地利大公国永远不会与波旁王朝联合起来攻击或伤害第三方。

然而，查理·伊曼纽三世却从不同角度看待该问题。奥地利大公国并不是强势的一方。在所有谈判中，执意想要获得讨论对象的必然是弱者。虽然玛丽亚·特蕾莎渴望将战争扩大到意大利南部，但该意愿还不足以驱使她同意撒丁王国的过分要求。然而，大不列颠王国则一直敦促玛丽亚·特蕾莎与撒丁王国达成协议。对于大不列颠王国而言，撒丁王国加入联盟极其重要，因为大不列颠王国一贯采取反波旁政策。如果玛丽亚·特蕾莎处于弱势，那么查理·伊曼纽三世便处于强势。事实上，撒丁王国对是否能结成联盟毫不在意。如果奥地利大公国同意其全部要求，那么查理·伊曼纽三世很乐意与奥地利大公国结成联盟。如果奥地利大公国不同意其要求，那么查理·伊曼纽三世可以与波旁王朝永久保持谈判状态，并且能随时加入波旁王朝联盟。

大不列颠王国强烈要求玛丽亚·特蕾莎与撒丁王国结盟。然而，如果玛丽亚·特蕾莎的外交地位因此受到削弱，那么奥地利大公国将陷入更大的困境。但只有奥地利大公国答应撒丁王国的条件，撒丁王国才会答应与奥地利大公国结盟。大不列颠王国政治家完全以本国利益为中心，他们只有在需要盟友帮助其毁灭波旁王朝时才会考虑盟友的利益。因此，大不列颠王国政治家执意要让腓特烈大帝对撒丁王国的结盟问题感到满意。因为如果腓特烈大帝再次参与战争，玛丽亚·特蕾莎将动用所有资源来与之抗衡，同时将打破联合进攻法兰西王国的可能性。然而，这种情况恰恰违背了奥地利大公国的主要目标，即为失去西里西亚争取一些赔偿。也正因如此，当下出现了一个难以解开的复杂的外交死结。玛丽亚·特蕾莎即使表示同意查理·伊曼纽三世的所有要求，也要先看联盟的实际作用及奥地利大公国在西里西亚问题上获得的补偿。查理·伊曼纽三世不接受以这种条件为基础的联盟，坚持要奥地利大公国立即满足自己的条件，不能将撒丁王国的利益寄希望于未来。而大不列颠王国也不会同意伤害普鲁士王国的计划。因此，各国之间的谈判似乎已经陷入僵局。众多建议中没有一项得到支持，似乎也难以通过谈判缔结条约。查理·伊曼纽三世开始肆无忌惮地为确保本国利益采取行动，并且拒绝与表现出强烈支持波旁王朝倾向的教皇争论。查理·伊曼纽三世拒绝了1743年2月3日坎波桑托战役胜利制造的机会。西班牙将军加热斯伯爵让·博纳旺蒂尔·蒂埃里·蒙特在坎波桑托受挫，不得不向

加热斯伯爵让·博纳旺蒂尔·蒂埃里·蒙特

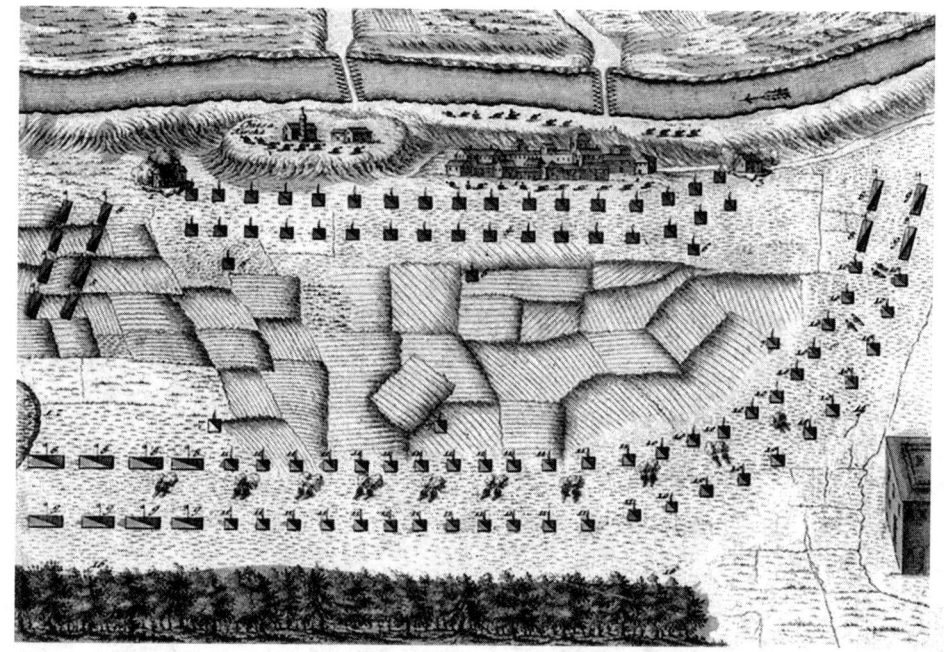

坎波桑托战役示意图

南撤退。面对撒丁王国不断增加的要求,奥地利大公国议会被迫同意让步,希望借此促成各方都接受的解决方案。然而,大不列颠王国却否决了该方案,因为奥地利大公国军队仍在试图占领巴伐利亚。大不列颠王国认为,在大不列颠王国、奥地利与撒丁王国大联盟征服托斯卡纳和那不勒斯后,玛丽亚·特蕾莎可能以巴伐利亚交换祖先领地。这样一来,大不列颠王国将被排除在外。因此,巴伐利亚将是解决西里西亚问题需付出的代价。而神圣罗马帝国皇帝查理七世的利益则得到了保障。大不列颠王国断然拒绝了该建议,因为该建议不仅不可能实现,而且也不能保证普鲁士王国会默默容忍奥地利大公国势力的增长,就像不能容忍奥地利大公国占领巴伐利亚一样。

因此,大不列颠王国马上对奥地利大公国施加压力,以阻止该方案的实施。与此同时,玛丽亚·特蕾莎开始考虑与其从自私的盟友处获得利益,不如从对手那里得到更好的条件。玛丽亚·特蕾莎不由得开始责备自己的顾问,因为顾问曾强迫她与法兰西王国为敌。玛丽亚·特蕾莎说道:"如果效仿查理·伊曼纽三

德廷根战场上的乔治二世

世,让两扇门都敞开着,该有多好啊!"玛丽亚·特蕾莎期望这种想法的实现,因为在德廷根战役之后,法兰西王国一直在寻求与玛丽亚·特蕾莎谈判的机会。据玛丽亚·特蕾莎后来了解,法兰西王国确实很真诚地希望与奥地利大公国谈判。查理·伊曼纽三世退出了战争,使奥地利大公国、大不列颠王国与普鲁士王国之间的纽带断裂了。神圣罗马帝国皇帝查理七世的支持是奥地利大公国与大不列颠王国愿意与德意志继续合作的唯一理由。如果奥地利大公国将巴伐利亚重新还给查理七世,那么查理七世将乐意协助奥地利大公国收复西里西亚。因为错过了如此好的机会,玛丽亚·特蕾莎对老盟友大不列颠王国愈发不满。

查理·伊曼纽三世的行动终于打破了僵局,迫使各国必须做出决定。查理·伊曼纽三世清楚地表明,如果奥地利大公国不马上满足自己的要求,那么他将加入法兰西王国的联盟。鉴于这一危急情况,奥地利大公国也不能再犹豫了。

最终，1743年9月，各国大臣在大不列颠王国军队总部沃尔姆斯结束了令人疲惫不堪的谈判工作。大不列颠王国、奥地利大公国和撒丁王国三国签署了一项条约①。该条约在某种程度上是一种妥协。虽然玛丽亚·特蕾莎出于爱国情怀拒不同意放弃奥地利大公国在菲纳莱享有的权利，但撒丁王国还是得到了大块割让的领土。三个缔约国承诺尽最大努力将波旁王朝逐出意大利。撒丁王国提供了固定人数的军队。如果三国目的实现，那么那不勒斯及教会的一些州就会落入玛丽亚·特蕾莎手中，而西西里则会落入查理·伊曼纽三世手中。但玛丽亚·特蕾莎自始至终都表示，只有在一切尘埃落定之后，奥地利大公国才会实现让步承诺。事实证明，虽然该条约毫无成效，但促成该条约的那些谈判非常重要。因为那些谈判加快了奥地利大公国与大不列颠王国联盟关系的破裂，而两国关系的破裂将改变欧洲的政治格局。谈判还提出了一些交换领土的建议，譬如巴伐利亚应该落入奥地利大公国之手等。在谈判过程中，这些提议多次出现，逐渐占据主导地位。

如果缔约国认为新条约要么能保证奥地利大公国在意大利的利益，要么能保证大不列颠王国在德意志的利益，那么它们很快就会发现这种想法是完全错误的，因为新条约的意图显而易见，任何眼光敏锐的政治家都能识破该意图。大不列颠王国实力雄厚，占主导地位。奥地利大公国军队撤出了意大利。联军此时可以对法兰西王国展开全面进攻。因此，波旁王朝的两个分支都感觉到了新条约产生的威胁。于是，它们因为共同利益立刻加紧了联系并促成了一项协定。根据该协定，较弱的西班牙王国将得到法兰西王国的支持，而能够自主的法兰西王国则承诺转次为主，作为主力进攻大不列颠王国。战争力量的变化导致法兰西王国开始进攻低地国家②。只有在那里，法兰西王国才能找到与大不列颠王国作战的天然战场。也只有在那里，法兰西王国才能不再受限于查尔斯·路易·奥古斯特·富凯元帅的限制，从而实现获取永久有价值领土的计划。

波旁王朝感受到了《沃尔姆斯条约》签订带来的威胁。在后期所有谈判中，

---

① 即《沃尔姆斯条约》。
② 低地国家是欧洲西北部沿海低地地区在中世纪分为无数半独立公国的那些国家,譬如比利时、卢森堡和荷兰等。

奥地利大公国希望在西里西亚问题上获得补偿，但奥地利大公国寻求补偿一事一直毫无成果。德廷根战役之后，奥地利大公国同盟的优势愈发明显，腓特烈大帝便认为奥地利大公国有可能夺回西里西亚。读了新条约内容后，腓特烈大帝意识到新条约主要是为了让意大利军队征服西里西亚。腓特烈大帝迫切希望摆脱持续不断的焦虑状态。如果可能的话，他决心解决整个奥地利王位继承问题，同时结束战争。但腓特烈大帝意识到自己实力不足，为此他试图与法兰西王国恢复友好关系。腓特烈大帝曾因《布雷斯劳条约》与法兰西王国断绝了关系。法兰西王国外交部虽然已经公开表示要发动一场大战，但还没有愚蠢到为了维护受伤的自尊放弃如此强大的盟友。作为《威斯特伐利亚和约》的保证国，法兰西王国加入了腓特烈大帝促成的神圣罗马帝国选帝侯联盟。该联盟的目标是让玛丽亚·特蕾莎承认查理七世的地位，从而结束神圣罗马帝国内部的战争。普鲁士王国对波希米亚发动了进攻，企图借此机会减轻奥地利大公国军队在莱茵

签订《威斯特伐利亚和约》

莫里斯·德·萨克斯

河边境施加的压力。而征服的领土将给神圣罗马帝国皇帝查理七世，因为普鲁士王国的世袭领地仍掌握在奥地利大公国手中。各国在沃尔姆斯犯下的错误很快便凸显了出来。低地国家无法抵抗法兰西王国莫里斯·德·萨克斯元帅的入侵。奥地利大公国军队原计划征服巴伐利亚并占领阿尔萨斯和洛林，这支军队取得的成果与佛兰德斯的盟军不相上下。奥托·斐迪南·冯·阿本斯伯格·特劳恩元帅敏锐地察觉到了普鲁士王国计划背后的危机，因而不敢迅速前进。玛丽亚·特蕾莎陈词激昂的来信也没能说服他。最后，洛林公爵查理·亚历山大取代了奥托·斐迪南·冯·阿本斯伯格·特劳恩元帅。虽然新指挥官越过莱茵河，入侵了法兰西王国，完成了玛丽亚·特蕾莎交代的任务，但腓特烈大帝突然的介入迫使他又迅速退出了战争。

在玛丽亚·特蕾莎看来，保卫世袭领地免受普鲁士王国入侵极其重要，至于波旁王朝会遭受什么伤害都无关紧要。玛丽亚·特蕾莎也确实成功保卫了世袭领地。奥托·斐迪南·冯·阿本斯伯格·特劳恩元帅采用了巧妙的策略，不费吹灰之力就清除了奥地利大公国在波希米亚的阻碍。法兰西王国因从神圣罗马帝国的纠纷中解脱出来而沾沾自喜，没有给盟友任何支持。1745年后不久，查理七世便驾崩了。从此，维系法兰克福联盟的借口不复存在。联盟失去了其唯一牢固的纽带。也正因如此，玛丽亚·特蕾莎获得了为丈夫洛林公爵弗朗茨·斯蒂芬重新争取当选神圣罗马帝国皇帝的机会。

曾经，普鲁士王国和法兰西王国占尽了上风。但如今两国所有优势都在逐渐消失。如果想要保持优势地位，阻止敌人取得胜利，那么普鲁士王国和法兰西王国必须确保敌人的竞争对手当选神圣罗马帝国皇帝，但要找到符合条件的选帝侯十分困难。因此，继续支持查理七世的儿子马克西米利安三世·约瑟夫便

马克西米利安三世·约瑟夫

成了自然而然的事。然而，马克西米利安三世·约瑟夫不具备争夺神圣罗马帝国皇位的勃勃雄心和能力。马克西米利安三世·约瑟夫的父亲查理七世也没能坐稳神圣罗马帝国皇位。马克西米利安三世·约瑟夫又一次被赶出慕尼黑，同时摆脱了法兰西王国外交大臣达让松侯爵勒内·路易·德·瓦耶·德·波尔姆的影响。同时，马克西米利安三世·约瑟夫意识到不能依赖盟友，因为盟友只会利用自己来谋取利益。因此，1745年4月，马克西米利安三世·约瑟夫与玛丽亚·特蕾莎进行了谈判，签订了《菲森条约》，同时收回了其世袭领地。但同时马克西米利安三世·约瑟夫承诺放弃继承奥地利大公国属地，遵守《国事诏书》的约定，并且按照玛丽亚·特蕾莎的意愿在神圣罗马帝国皇帝选举中投票给洛林公爵弗朗茨·斯蒂芬。

巴伐利亚的马克西米利安三世·约瑟夫不再具备竞选资格。目前只有一位候选人符合资格，那就是波兰的萨克森选帝侯弗雷德里希·奥古斯特二世。萨克森选帝侯弗雷德里希·奥古斯特二世想参选，但最近签署的一些条约不允许萨克森选帝侯弗雷德里希·奥古斯特二世参选。萨克森选帝侯弗雷德里希·奥古斯特二世与大臣海因里希·冯·布吕尔都是唯利是图之人，追求利益至上。他们的主要目的是获得领土，所以他们只选择与强者为伍。在玛丽亚·特蕾莎成功无望时，萨克森选帝侯弗雷德里希·奥古斯特二世加入了玛丽亚·特蕾莎对手的阵营。而在玛丽亚·特蕾莎突破重重危机，重新强大起来之后，萨克森选帝侯弗雷德里希·奥古斯特二世又与玛丽亚·特蕾莎建立起了亲密关系。就在查理七世去世前几天，萨克森、奥地利大公国、大不列颠王国和荷兰在华沙建立了四国联盟。一方面，查理七世已经将儿子对波兰王位的继承权交给萨克森选帝侯弗里德里希·奥古斯特二世；另一方面，查理七世承诺用一支三万人的军队保卫波希米亚。事实上，查理七世做出了更多努力。查理七世与玛丽亚·特蕾莎进行了单独谈判，承诺加入摧毁腓特烈大帝的阵营，帮助玛丽亚·特蕾莎恢复在西里西亚的统治，从而换取普鲁士王国的一部分领土。因为波兰与奥地利大公国的利益息息相关，萨克森选帝侯弗雷德里希·奥古斯特二世几乎无法与洛林公爵弗朗茨·斯蒂芬竞争神圣罗马帝国皇位。如果萨克森选帝侯弗雷德里希·奥古斯特

萨克森选帝侯弗雷德里希·奥古斯特二世

海因里希·冯·布吕尔

二世没有明确拒绝法兰西王国的提议，那很可能只是为了在今后的外交斡旋中保留一张好牌。

腓特烈大帝还没决定采取任何行动。在腓特烈大帝看来，没有一位神圣罗马帝国王储适合继承皇位。腓特烈大帝深知各国之间嫉妒心太强，不会给自己机会当选。此外，腓特烈大帝并不希望邻国波兰的奥古斯特三世①继承神圣罗马帝国皇位，从而获得皇位赋予的巨大权力。因此，腓特烈大帝希望暂时保留选举权，直到找到对普鲁士王国有利的皇位继承者为止。为此，腓特烈大帝开始寻找合适人选。同盟国法兰西王国没有给予腓特烈大帝任何帮助。法兰西王国年前在佛兰德斯大获全胜后，明白了在哪里最容易获得实质性的优势。同时，法兰西王国对受困布拉格的痛苦仍记忆犹新。虽然上次战役取得成功，但该战役既没有给普鲁士王国带来好处，也没有推动联盟计划的实施。法兰西王国赢得了丰特努瓦战役的胜利。法兰西王国王位继承者的远征计划威胁到了大不列颠王国，并且迫使大不列颠王国军队撤出了战场。之后，法兰西王国军队轻易占领了一座座堡垒。但法兰西王国军队没有挺进德意志中心，占领法兰克福，因而在很大程度上保证了自己阵营的候选人——法兰西王国王储的当选。在孔蒂亲王路易·弗朗索瓦的率领下，法兰西王国军队退回了莱茵河。之后，奥地利大公国军队占领了被法兰西王国军队忽视的制高点，这使洛林公爵弗朗茨·斯蒂芬占据了上风。腓特烈大帝独自率军在西里西亚继续作战。通过自己的努力，腓特烈大帝打败了奥地利大公国和萨克森联合军队，赢得了霍亨弗里德堡战役的胜利。普鲁士王国与法兰西王国的合作失败了。腓特烈大帝感到既失望又烦心，只希望保证本国安全。目前，腓特烈大帝已经在考虑改变联盟关系，并且已经与大不列颠王国进行了谈判。改变联盟是结束战争最有效的方法。当时，大不列颠国王乔治二世正在汉诺威，他急切地希望洛林公爵弗朗茨·斯蒂芬当选神圣罗马帝国皇帝。腓特烈大帝确信，如果不再反对洛林公爵弗朗茨·斯蒂芬当选神圣罗马帝国皇帝并投票给他，那么自己将能够如愿提出一些要求。然而，因为没

---

① 为萨克森选帝侯弗里德里希·奥古斯特二世。1733年到1763年，其为萨克森选帝侯，被称为弗里德里希·奥古斯特二世；1734年到1763年，其为波兰国王和立陶宛大公，被称为奥古斯特三世。

丰特努瓦战役

有盟友奥地利大公国的参与，大不列颠国王乔治二世不愿与普鲁士王国单独签订条约。但大不列颠国王乔治二世深知，要维护大不列颠王国的利益，就必须使奥地利大公国与普鲁士王国之间停止战争，因为两国之间的战争阻碍了联盟运用所有力量联合抵抗法兰西王国的进程。因此，大不列颠国王乔治二世通过维也纳的大臣敦促玛丽亚·特蕾莎维系与普鲁士王国的友谊并与其达成和解。玛丽亚·特蕾莎对大不列颠王国大使的劝说完全无动于衷，甚至表示无论如何，奥地利大公国都不会撤回用来控制普鲁士王国的军队。然而，大不列颠国王乔治二世没有时间再劝说玛丽亚·特蕾莎。詹姆斯党人的入侵迫切要求大不列颠国王乔治二世回到大不列颠王国国内。因此，大不列颠国王乔治二世不得不与普鲁士王国单独签订条约。1745年8月26日，大不列颠国王乔治二世与普鲁士王国签订了一项名为《汉诺威条约》的协议。根据该条约，缔约国之间应相互保障领土安全。同时，腓特烈大帝不再反对洛林公爵弗朗茨·斯蒂芬当选神圣罗马帝国皇帝。为了让玛丽亚·特蕾莎遵守条约，该条约允许停战六周。

孔蒂亲王路易·弗朗索瓦

霍亨弗里德堡战役中的普鲁士骑兵

霍亨弗里德堡战役

《汉诺威条约》使奥地利大公国重新征服西里西亚的一切希望都破灭了。维也纳宫廷对此消息感到非常愤慨。在玛丽亚·特蕾莎看来，该协议企图违背她的意愿，强迫她接受自己曾轻蔑拒绝过的所有条件。玛丽亚·特蕾莎立即命令奥地利大公国将军们无须理会停战协定。腓特烈大帝发现自己此时处境尴尬，与奥地利大公国关系紧张，因为玛丽亚·特蕾莎完全拒绝了自己提出的条件。为了换取和平，腓特烈大帝令普鲁士王国军队驻扎在克卢姆附近。而对手却集结在普鲁士王国军队周围。腓特烈大帝觉得有必要将军队撤退到西里西亚。但即使在撤退时，腓特烈大帝也借助奥地利大公国军队冒险追击自己的时机，于1745年9月20日在苏赫河重创了对手，以此维护普鲁士王国的优势。

与此同时，神圣罗马帝国皇帝的选举仪式已在法兰克福拉开序幕。神圣罗马帝国皇帝的人选已毫无悬念。法兰西王国此次行事胆怯，允许奥地利大公国军队包围、占领了法兰克福。玛丽亚·特蕾莎态度强硬、目的明确。奥地利大公国的气势震慑住了各国。各国决定承认波希米亚的选举权。而在上次选举中，正是各国剥夺了波希米亚的选举权。受《菲森条约》的约束，巴伐利亚的马克西米利安三世·约瑟夫无法参加竞选。萨克森选帝侯弗里德里希·奥古斯特二世也已被除名在外。腓特烈大帝也信守承诺，没有对《国事诏书》提出抗议。1745年10月4日，洛林公爵弗朗茨·斯蒂芬在无人反对的情况下当选神圣罗马帝国皇帝，史称弗朗茨一世。

洛林公爵弗朗茨·斯蒂芬的成功当选更坚定了玛丽亚·特蕾莎拒绝加入《汉诺威条约》的决心。玛丽亚·特蕾莎很清楚和平掌握在自己手中。洛林公爵弗朗茨·斯蒂芬的当选更加稳固了玛丽亚·特蕾莎的地位。因此，玛丽亚·特蕾莎不再担心和平问题。

在申布伦的一次宴会上，玛丽亚·特蕾莎对威尼斯大使说道："我很清楚我有能力缔造和平。但我不会这样做，也不会听任何关于此事的争论。腓特烈大帝想哄骗我保持安静，像睡着一样，然后在我最意想不到的时候攻击我。"虽然大不列颠王国与奥地利大公国的关系破裂了，但玛丽亚·特蕾莎相信自己与其他盟友的关系依然十分稳固。玛丽亚·特蕾莎说道："查理·伊曼纽三世知道自己的利益所在。如果查理·伊曼纽三世背弃我,那我会让他付出惨痛的代价。"虽然萨克森选帝侯弗里德里希·奥古斯特二世对玛丽亚·特蕾莎态度冷淡,甚是不满,但玛丽亚·特蕾莎仍然视萨克森选帝侯弗里德里希·奥古斯特二世为朋友。玛丽亚·特蕾莎认为因为自己也是选帝侯,所以萨克森选帝侯弗里德里希·奥古斯特二世才对自己有敌意。玛丽亚·特蕾莎讽刺地说道:"除非洛林公爵弗朗茨·斯蒂芬当选神圣罗马帝国皇帝,我成为皇后,否则,我难以让萨克森选帝侯弗里德里希·奥古斯特二世感到满意。"

玛丽亚·特蕾莎对待法兰西王国的态度变得友好起来,由此可见她遭受了大不列颠王国多大的伤害。玛丽亚·特蕾莎应该效仿自己的竞争对手普鲁士王

神圣罗马帝国皇帝弗朗茨一世

国,公开承认与曾经的盟友大不列颠王国成了敌人并与法兰西王国和解。虽然这件事当时令人感到诧异,但现在已经没有人会感到惊讶了。想要直接促成此事着实不易,但玛丽亚·特蕾莎在萨克森宫廷找到了一个中间人。在前往法兰克福参加丈夫洛林公爵弗朗茨·斯蒂芬的加冕典礼时,玛丽亚·特蕾莎经过帕绍并遇到了前往慕尼黑宫廷的萨克森特使,以及奥地利大公国在慕尼黑的代表霍泰克伯爵约翰·卡尔·里特尔。他们已经就这个问题进行了交流。玛丽亚·特蕾莎带着霍泰克伯爵约翰·卡尔·里特尔上了马车并与之交谈了很久。玛丽亚·特蕾莎表示,自己已经放弃了入侵法兰西王国的一切想法,并且渴望与法兰西王国建立友好关系,她愿意与法兰西王国在德累斯顿或慕尼黑展开谈判。与此同时,玛丽亚·特蕾莎继续前往法兰克福。虽然帕拉丁选帝侯在上次选举中支持了腓特烈大帝的抗议,但在海德堡,玛丽亚·特蕾莎依然受到了热烈欢迎。在一片胜利呼声中,玛丽亚·特蕾莎抵达法兰克福。在法兰克福,所有人都希望玛丽亚·特蕾莎能够加冕称帝。但玛丽亚·特蕾莎放弃了这个荣耀。此时的玛丽亚·特蕾莎

海德堡

已有了身孕。人们认为玛丽亚·特蕾莎是因身体原因拒绝了参选。还有人认为玛丽亚·特蕾莎是因为对丈夫洛林公爵弗朗茨·斯蒂芬的感情才放弃了加冕称帝。玛丽亚·特蕾莎知道丈夫洛林公爵弗朗茨·斯蒂芬并非自己所能依靠的力量，也知道自己在各方面都比丈夫强，但她对丈夫的爱依旧未曾减少。因此，玛丽亚·特蕾莎不愿加冕称帝，因为她登上帝位后会拥有一切荣耀，而丈夫将一无所获。玛丽亚·特蕾莎决心让加冕日成为丈夫洛林公爵弗朗茨·斯蒂芬的荣耀之日。玛丽亚·特蕾莎是一个妻子，同时是一位母亲，她甚至将这些角色带入了政治活动中，这是她的性格特点之一。也正是因为这样，她才对一切充满热情。玛丽亚·特蕾莎虽然拒绝加冕称帝，但毫无顾虑地出现在了庆祝活动中。当洛林公爵弗朗茨·斯蒂芬加冕仪式结束回国时，玛丽亚·特蕾莎亲自出外迎接。她挥舞着手帕，和人们一起欢呼。从一件小事上就可以看出玛丽亚·特蕾莎对丈夫洛林公爵弗朗茨·斯蒂芬的在意，比如为了让掌声更响亮，玛丽亚·特蕾莎在鼓掌时特意摘下了手套。

正当奥地利大公国举国庆祝弗朗茨一世当选时，国内传来了苏赫河战役的消息。在此次战役中，腓特烈大帝在全面撤退的过程中突然停下，掉过头对奥地利大公国军队发起了攻击。而扰乱腓特烈大帝军队的奥地利大公国军队则在此时进入了普鲁士王国军队的营地进行掠夺，并且带走了相关的文件。这些文件不仅仅有关于战斗的，还有许多是腓特烈大帝的秘密文件，腓特烈大帝和大不列颠国王乔治二世的信也在其中。大不列颠国王乔治二世在信中表现出对玛丽亚·特蕾莎极不尊重，甚至宣称如果玛丽亚·特蕾莎不愿意缔结和平条约，那么大不列颠王国将撤回对奥地利大公国的所有补贴。文件中还有许多腓特烈大帝与法兰西王国之间的书信。书信揭露了普鲁士王国与法兰西王国的双重交易。当时在场的巴伐利亚国务大臣告诉法兰西王国外交大臣，玛丽亚·特蕾莎读这些信的时候气得哭了起来。玛利亚·特蕾莎一方面取得了战争胜利，另一方面对大不列颠王国心怀愤怒，所以拒绝缔结和平条约。但玛丽亚·特蕾莎继续与法兰西王国进行了谈判。萨克森的大臣来到法兰克福后，玛丽亚·特蕾莎向他明确提出了改变联盟的主张。但因为法兰西王国外交大臣达让松侯爵勒

达让松侯爵勒内·路易·德·瓦耶·德·波尔姆

内·路易·德·瓦耶·德·波尔姆反对联盟,奥地利大公国宫廷办事拖延,导致联盟进程缓慢。在尚未谈判之前,玛丽亚·特蕾莎很可能将谈判看作是一种外交手段,用来加强自己已经构想好的军事行动。

大不列颠王国大使托马斯·鲁滨孙回到了维也纳,并且再次向玛丽亚·特蕾莎施压,敦促她与普鲁士王国缔结和约,但玛丽亚·特蕾莎果断拒绝了。对此,玛丽亚·特蕾莎还做出了书面答复并附上了一项新协议。该协议巩固了《华沙条约》的地位。玛丽亚·特蕾莎还表示,如果奥地利大公国受到腓特烈大帝的攻击,那么奥地利大公国将承诺援助萨克森。同时,玛丽亚·特蕾莎还列举了自己为履行这一承诺已经采取了的措施。格林将军已率军从莱茵河撤出,前往萨克森。与此同时,洛林公爵查理·亚历山大也在带领军队向同一方向行进。至此,玛丽亚·特蕾莎不仅拒绝接受《汉诺威条约》,而且明确表示,她采取了与大不列颠王国完全相反的措施。玛丽亚·特蕾莎的回应引起了各种各样的猜测。各国认为玛丽亚·特蕾莎正在考虑实施新计划。俄罗斯帝国女沙皇伊丽莎白·彼得罗芙娜之后宣布，即使萨克森选帝侯弗里德里希·奥古斯特二世的领地受到一点儿攻击，俄罗斯帝国也将派出一万二千名士兵进行反击。这对腓特烈大帝来说是最大的威胁，而且很可能阻止腓特烈大帝继续前进。

奥地利大公国与法兰西王国的谈判仍在继续。到目前为止，奥地利大公国派弗里德里希·奥古斯特·冯·哈拉赫·劳罗前往德累斯顿，负责终止谈判，同时保证军队安全撤离莱茵河。玛丽亚·特蕾莎也已经制订了一个计划，即两支军队分别从两边穿过萨克森，到普鲁士王国首都会合。毫无疑问，当腓特烈大帝受到俄罗斯帝国严重威胁时，奥地利大公国和萨克森可以轻而易举征服普鲁士王国。

玛丽亚·特蕾莎对无法践行自己伟大而坚定的计划深感遗憾。玛丽亚·特蕾莎的计划因执行不力而不断失败。萨克森特使多嘴多舌，致使腓特烈大帝意识到了危险。腓特烈大帝请求法兰西王国提供帮助，并提醒大不列颠王国信守与奥地利大公国达成的和平承诺，同时向俄罗斯帝国指出《汉诺威条约》已经明确了萨克森领土的归属。腓特烈大帝将军队集中在奈塞河和布尔河附近，并且想方设法不让萨克森知晓军队位置。但腓特烈大帝对对手并没有发动攻击的行为感到震惊。因为俄罗斯帝国女沙皇伊丽莎白·彼得罗芙娜改变了主意，并且表示俄罗斯帝国对普鲁士王国的进攻制裁只涉及腓特烈大帝在西里西亚新获得的领地，不会延伸到其他领地。如果奥地利大公国盟军中有一位能干、英勇的领导人，那么普鲁士王国的行动将更加谨慎。因为俄罗斯帝国仅仅威胁要对普鲁士王国进行武装干预，就已经迫使腓特烈大帝只能关注本国的领土安全。然而，奥地利大公国的将军胆小怯懦，而萨克森官廷则是俄罗斯帝国的附庸。于是，攻击普鲁士王国的伟大计划破灭了。奥地利大公国放弃了与萨克森汇合，导致两国联合攻击勃兰登堡已不可能。洛林公爵查理·亚历山大以极慢的速度向东线行进。但海纳斯多夫的一次小规模战斗便阻止了洛林公爵查理·亚历山大的前进。于是，没有经历任何战斗，洛林公爵查理·亚历山大便从萨克森撤退了。腓特烈大帝向萨克森选帝侯弗里德里希·奥古斯特二世提出了条件，随后他又率军直接挺进了德累斯顿。普鲁士王国军队在德累斯顿城墙外进行了一场战斗，最后控制了德累斯顿。最终，萨克森宫廷也无条件接受了《汉诺威条约》。

伊丽莎白·彼得罗芙娜

弗里德里希·奥古斯特·冯·哈拉赫·劳罗

与此同时，弗里德里希·奥古斯特·冯·哈拉赫·劳罗已经到了萨克森选帝侯弗里德里希·奥古斯特二世避难地洛沃西采。腓特烈大帝彻底改变了自己的目标。没有任何国家想要再次联合打压腓特烈大帝。腓特烈大帝获得了巨大胜利，拥有了重新规划一切的权力。法兰西王国政府认为攻击普鲁士已经毫无希望，因而不打算再支援奥地利大公国。萨克森选帝侯弗里德里希·奥古斯特二世也遭到镇压，被赶出了首都德累斯顿。大不列颠王国现在几乎成了奥地利大公国的敌人。奥地利大公国已经在这次战争中彻底失败。弗里德里希·奥古斯特·冯·哈拉赫·劳罗受指示立即接受了《汉诺威条约》。这正是腓特烈大帝想要的结果。1745年12月25日，第二次西里西亚战争以《德累斯顿条约》的签署而结束。

令人难以置信的是，玛丽亚·特蕾莎竟与对手一样坦率而坚定地遵守了该条约。玛丽亚·特蕾莎恪守职责、品德高尚，不会违背自己的诺言。但玛丽亚·特蕾莎一直不信任腓特烈大帝，所以再次与其一决胜负也不足为奇。1746年，玛丽亚·特蕾莎与俄罗斯帝国及萨克森签订了一个条约。该条约在某些方面，甚至在某些措辞上都是针对腓特烈大帝的。该条约规定，如果腓特烈大帝攻击奥地利大公国、萨克森、波兰或俄罗斯帝国任何一国，引起战事争端，那么签约国将保证立即派一支三万人的军队听候遭到攻击国家君主的调遣。此外，该条约还补充说明，万一爆发战争，派遣的军队人数应该加倍。国际争端的任何一方都习惯性地将对手视为侵略者。因此，一旦腓特烈大帝与邻国产生争端，普鲁士王国就将面临巨大的灾祸。

第 3 章
奥地利王位继承战争
（1745—1748）

精彩看点

玛丽亚·特蕾莎处境艰难——统一的意大利雏形初现——热那亚沦陷——谈判无果,战争继续——各国无意继续战争——玛丽亚·特蕾莎从战争中受益——艰难的谈判过程玛丽亚·特蕾莎之所以加入《德累斯顿条约》，不仅是因为欧洲中心格局发生了变化，而且是因为奥地利大公国在意大利的军事行动惨遭失败。《沃尔姆斯条约》在意大利的施行效果与在德意志一样失败。玛丽亚·特蕾莎同意将菲纳莱拱手让给撒丁王国，这一决定使热那亚站在了奥地利大公国的对立面。为与普鲁士王国开战，奥地利大公国军队撤出了撒丁王国。这是《沃尔姆斯条约》给予奥地利大公国的最大好处，但导致了撒丁王国军事力量过于薄弱，从而难以应对战争。法兰西王国和西班牙王国军队占领了皮亚琴察和帕尔马。查理·伊曼纽三世在巴西尼亚纳战役中惨遭失败。此外，西班牙王国占领了伦巴第，并在米兰为腓力加冕，史称帕尔马大公腓力。同时，同盟国之间互不信任。查理·伊曼纽三世很乐意与法兰西王国保持联系，并且不止一次表示，除非奥地利大公国给予他更有力的帮助，否则他将接受波旁王朝的提议。

玛丽亚·特蕾莎对现在的情况极度悲观。玛丽亚·特蕾莎告诉威尼斯大使："我在意大利的处境日益艰难，我担心自己会陷入一个无法挽回的困境。我因为战败放弃了在意大利的一切。虽然查理·伊曼纽三世承诺忠于目前的同盟，但事实上，查理·伊曼纽三世只是为了自己的利益，否则他会成为波旁王朝的爪牙。我很担心查理·伊曼纽三世会因所处的困境而答应法兰西王国和西班牙王国的提议。"

玛丽亚·特蕾莎没有夸大局势的危险性。事实上，法兰西王国和撒丁王国已经开始谈判了。巴西尼亚纳战役之后，查理·伊曼纽三世要求法兰西王国派一位可靠的大臣进行谈判，以促成两国缔结友好关系。法兰西王国主张采取惯用做法，即将整个奥地利大公国王室逐出意大利，以使意大利王储瓜分奥地利大公国在意大利的领土。

神圣罗马帝国皇帝弗朗茨一世的托斯卡纳大公国也将被夺走，转交给其弟弟查理·亚历山大公爵。但更重要的是第二个提议。该提议似乎是达让松侯爵勒内·路易·德·瓦耶·德·波尔姆想出的，即将所有外国人赶出意大利，也就是在意大利设置一个由王公贵族组成的共同委员会，成立一支国家军队。至此，一个统一的意大利初具雏形。但该计划对查理·伊曼纽三世不利。西班牙王国统治着那不勒斯和米兰，导致查理·伊曼纽三世在联盟中的地位无足轻重。该联盟深受法兰西王国波旁王朝的影响。查理·伊曼纽三世很清楚撒丁王国的独立其实并非受奥地利大公国威胁，而是法兰西王国。然而，撒丁王国无法抵御时下政治格局的压力。亚历山德里亚城堡的沦陷迫在眉睫，这将为撒丁王国的敌人打通通往都灵的道路。因此，查理·伊曼纽三世虽然仍旧拒绝签署条约，但他觉得有必要在1745年12月前做出初步安排。法兰西王国与撒丁王国签订的条约仅限于规定将奥地利大公国在意大利的领土割让给查理·伊曼纽三世和帕尔马大公腓力，以及规定法兰西王国和西班牙王国支付的补贴。这些补贴相当于大不列颠王国迄今为止支付的所有补贴。

对奥地利大公国来说，伊丽莎白·法尔内塞提高要求是一件好事，因为这暂时缓解了撒丁王国解散与奥地利大公国的联盟的危机。因为如果不将米兰给帕尔马大公腓力，那么伊丽莎白·法尔内塞将不会接受任何安排。奥地利大公国第二次化解了在意大利的巨大危机。在接下来的1746年里，局势完全扭转了。《德累斯顿条约》的影响开始显现出来了。从普鲁士战争中脱身后，玛丽亚·特蕾莎参与了意大利事务，并且取得了极好的结果。随着法兰西王国和西班牙王国在皮亚琴察的一场大战中惨遭失败，奥地利大公国扫除了伦巴第的障碍。1746年7月，西班牙王国的新国王斐迪南六世即位，这进一步促进了奥地利大公国霸权地位的形成。因为伊丽莎白·法尔内塞不再固执己见，斐迪南六世也不像他父亲

斐迪南六世

腓力五世那么傲慢，他更倾向于与奥地利大公国建立友谊，而非与法兰西王国保持联盟关系。斐迪南六世的妻子是一位葡萄牙公主。没有了西班牙王国的援助，法兰西王国军队无法再与奥地利大公国军队正面交锋，只好撤退到阿尔卑斯山脉北面。结果热那亚沦陷了。法兰西王国似乎随时准备再次进攻。奥地利大公国则在大不列颠王国协助下越过了边境。

这场战争的参战国众多，局势复杂，战局多变，胜败难以预料。奥地利大公国在低地国家的失败战役抵消了其在意大利的胜利。未等莫里斯·德·萨克斯元帅进攻，一座座城市已经沦陷。此时，法兰西王国的胜利已毫无悬念。考尼茨-里特贝格伯爵·文策尔·安东此时在荷兰担任奥地利大公国全权公使，他也为无力抵抗法兰西王国的征服浪潮感到绝望，他多次恳求玛丽亚·特蕾莎召自己回国。玛丽亚·特蕾莎深知考尼茨-里特贝格伯爵·文策尔·安东在荷兰的价值,所以没有答应他的请求。布鲁塞尔遭到攻击并被占领后,考尼茨-里特贝格伯爵·文策尔·安东不得不撤退到艾克斯拉沙佩勒。因为没有获得援助,安特卫普、蒙斯、沙勒罗伊和那慕尔全都被法兰西王国占领了。最后,查理·亚历山大公爵试图通过在低地国家担任总司令来恢复威望,但最终在罗库战役中彻底战败。通往马斯特里赫特的道路是最后一个抵挡法兰西王国进入荷兰的大要塞,但现在该通道已经完全向法兰西王国敞开了。

这场战争形式多变,涉及国家众多,同时造成了许多毫无意义的伤害。各国开始萌生结束战争的想法。但首次结束战争的尝试以失败告终了。在重商主义共和党的控制下,荷兰曾致力于促成法兰西王国和不列颠王国之间的和解。现在,大不列颠王国决定直接促成和解。大不列颠王国指派桑威奇伯爵约翰·蒙

桑威奇伯爵约翰·蒙塔古

塔古担任全权代表并计划在布雷达举行会议。法兰西王国外交大臣达让松侯爵勒内·路易·德·瓦耶·德·波尔姆不准备结束这场战争，因为法兰西王国在战争中拥有很大胜算。达让松侯爵勒内·路易·德·瓦耶·德·波尔姆认为法兰西王国的死敌是哈布斯堡王朝，他也曾试图将奥地利大公国逐出意大利半岛，并且仍然希望通过普鲁士王国国王腓特烈大帝和法兰西王国庇护下的德意志天主教君主联盟来摧毁奥地利大公国在德意志北部的影响力。但如果所有交战方全权代表都在场的话，那这一计划将不可能实现。因此，达让松侯爵勒内·路易·德·瓦耶·德·波尔姆始终拒绝奥地利大公国和撒丁王国代表参加和平会议。这本身就足以让各国无功而返。在某种程度上，此次谈判是一场阴谋，其目的是离间各盟国并与各国单独缔结条约。谈判毫无进展。法兰西王国认为谈判只是权宜之计，其真实目的是促进荷兰会议的进程，从而能够越过荷兰边界入侵荷兰。这种做法激发了荷兰人民的愤怒。荷兰人民推翻了共和国政府，请求奥兰治亲王威廉四世担任荷兰总督。这实际上结束了谈判，并且迫使战争必须继续下去。

  恢复谈判势必要再经历一年的战事波折。无论是在意大利还是在荷兰，奥地利大公国都没有从1747年的战争中得到任何好处。低地国家的联合军队掌握在无能的坎伯兰公爵威廉·奥古斯都手中。虽然该军队主要由大不列颠王国提供补贴，但要找到一定数量的奥地利大公国士兵实属不易。事实上，部队人数严重不足，结果大不列颠王国政府拒绝支付规定的补贴，因为没有证据证明奥地利大公国特遣队的人数达标。玛丽亚·特蕾莎不得不忍受此屈辱。现在仍无法确定坎伯兰公爵威廉·奥古斯都会坚持己见，还是会采纳德意志同僚包贾尼的意见。而法兰西王国已经径直向马斯特里赫特进军了。为了阻止法兰西王国军队的进攻，坎伯兰公爵威廉·奥古斯都在劳费尔德战役中全军覆没。法兰西王国最终攻破了坚不可摧的贝亨奥普佐姆。至此，劳费尔德战役结束。在意大利，热那亚的叛乱阻挡了布朗将军的前进。奥地利大公国没有对这座城市流露出任何怜悯之心。因此，民众感到十分愤怒，将安东尼奥托·博塔·阿多尔诺将军及其军队驱逐了出去。本应进攻法兰西王国的奥地利大公国军队现在奉命去镇压叛乱。事实证明，镇压叛乱太难了。法西联军的逼近使围攻更加困难了。

奥兰治王子威廉四世

坎伯兰公爵威廉·奥古斯都

劳费尔德战场上的路易十五

劳费尔德战役

事实上，各国都希望结束这场令人疲惫的战争。结束战争的时机也已经到来了。对于法兰西王国而言，这场战争已经毫无意义。除了波旁王朝盲目反对哈布斯堡王朝，法兰西王国盲目反对大不列颠王国，此次战争毫无继续下去的理由。无论从哪个方面考虑，此次战争都没有实现其宏伟目标。法兰西王国王储没有得到神圣罗马帝国的皇冠，但其最主要的对手奥地利大公国得到了。巴伐利亚的马克西米利安三世·约瑟夫没有听从法兰西王国的建议，让法兰西王国进入神圣罗马帝国中心，而是选择了自己的路线。巴伐利亚的马克西米利安三世·约瑟夫不仅与奥地利大公国结盟，而且派军队为盟军提供了援助。《德累斯顿条约》打破了法兰西王国与普鲁士王国之间的联系，并且将奥地利大公国唯一强大的对手逐出了神圣罗马帝国。

奥地利大公国为了不受攻击而丢掉了西里西亚。除此之外，玛丽亚·特蕾莎完全继承了父亲查理六世的遗产。如果不再继续战争，那么恢复和平就顺理成章了。法兰西王国几乎耗尽了所有资源。法兰西王国军队一面在陆地上节节胜利，一面在海上遭受重重灾难。法兰西王国在对外贸易中受到排挤，因而难以通过对外贸易恢复繁荣。

大不列颠王国也无意再继续战争。大不列颠王国政治家在战争中已经实现了主要目的。大不列颠王国一次次的胜利摧毁了法兰西王国海军。虽然法兰西王国在支持詹姆斯党人方面做出了很多努力，但都徒劳无功。就力量平衡而言，法兰西王国的实力不足以引起大不列颠王国的混乱。奥地利王室损失相对较小，因而在欧洲占据了主导地位。此外，奥地利大公国北方出现了一股新力量。该组织显示出了非凡的力量和活力。与此同时，大不列颠王国部署在低地国家的军队灾难不断。由此看来，继续战争只对法兰西王国有利。西班牙王室虽是波旁家族的另一个分支，但已经不再构成威胁。奥地利大公国可以做出一些让步，以弥补战争期间挥霍的大量资金，这既可以满足西班牙王国的要求，也可以确保大不列颠王国继续占有直布罗陀海峡。

对玛丽亚·特蕾莎来说，情况有所不同。玛丽亚·特蕾莎对结果比较满意，因为她最终带领国家走出了战争，而且未损害自身权力。目前情形与玛丽亚·特蕾莎即位时的困境形成了鲜明对比。玛丽亚·特蕾莎现在在欧洲的地位令人望而生畏。法兰西王国的每一次失败都是玛丽亚·特蕾莎的胜利。此外，普鲁士王国的出现彻底改变了玛丽亚·特蕾莎对欧洲大国的态度。令玛丽亚·特蕾莎畏惧的不再是强大的波旁王朝，而是神圣罗马帝国内部的敌人。出于这些原因，玛丽亚·特蕾莎也可能会渴望和平。此外，其他国家已经开始诱导玛丽亚·特蕾莎区别对待波旁王朝的两个分支，进而开始进行谈判。如果玛丽亚·特蕾莎对缔结和约有任何不满，那一定不是因为对手，而是因为盟友附加的要求。这些盟友将不可避免地做出妥协。事实上，虽然继续战争对奥地利大公国也没有多大坏

18世纪中期的玛丽亚·特蕾莎

处，但玛丽亚·特蕾莎并不急于结束这场战争。玛丽亚·特蕾莎对从父亲查理六世那里得到的领土有一种强烈的坚守信念，因此，她很难为了在战争期间获得支持而放弃部分领土，也难以为了恢复全面和平而放弃盟友要求得到的领土。

法兰西王国了解玛丽亚·特蕾莎的高尚品格和坚定意志。法兰西王国虽然长期以来在间接与玛丽亚·特蕾莎谈判，但认为如果想要如愿缔结条约，就必须离间玛丽亚·特蕾莎与其盟友的关系。首先，法兰西王国必须与大不列颠王国商定缔结条约的基本条件，同时将邀请玛丽亚·特蕾莎加入谈判的责任推卸给大不列颠王国。这是法兰西王国在外交方面惯用的伎俩，在《乌得勒支条约》中就有所体现。该伎俩为大不列颠王国与盟友的分裂埋下了隐患。法兰西王国大臣们初步提出了和平条约的内容，但这些内容过于简单，导致人们误以为法兰西王国大臣们秉持了路易十五时期的正义感。罗库战役和劳费尔德战役的胜利

路易十五

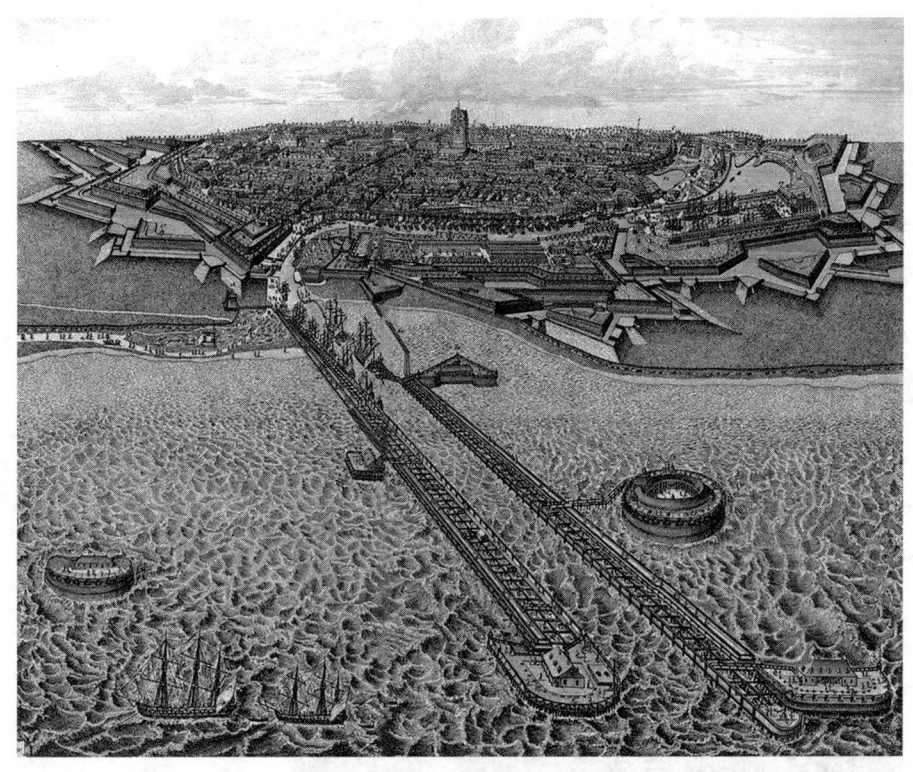

敦刻尔克

者提出恢复欧洲两大阵营各自领土势力和恢复布雷顿角岛——法属加拿大枢纽的要求。如果一方要求拆除敦刻尔克城墙，那它还应割让部分堡垒。两位指挥官——莫里斯·德·萨克斯元帅和坎伯兰公爵威廉·奥古斯都可能会讨论诸如此类的条款。虽然坎伯兰公爵威廉·奥古斯都及其父亲——大不列颠国王乔治二世在战争中失去了声望，他们很高兴有机会在外交中重建声望，但大不列颠王国外交部并没有信心将如此重要的事情交给经验不足的人。桑威奇伯爵约翰·蒙塔古曾在并不重要的布雷达谈判中担任代表，因而获得了此次谈判的真正掌控权。

1746年，玛丽亚·特蕾莎的大使曾被拒之门外，无法参加会议，这让玛丽亚·特蕾莎明白了该选择何种道路。玛丽亚·特蕾莎不愿意再受冷落，于是立即指示将军包贾尼规划战略路线，同时试图促成与其他军事外交官的合作。但

路易·菲洛涅·布鲁拉特

事实上，桑威奇伯爵约翰·蒙塔古的任命已经摧毁了法兰西王国追求的极简主义。当谈判转变为外交，各国便不能再完全忽视玛丽亚·特蕾莎的要求。法兰西王国外交大臣路易·菲洛涅·布鲁拉特和桑威奇伯爵约翰·蒙塔古在列日进行了交谈。此次交谈直接促成了全体大会的召开，同时将艾克斯拉沙佩勒确定为会议地点。考尼茨–里特贝格伯爵·文策尔·安东负责维护奥地利大公国的主张。文策尔·安东·考尼茨–里特贝格现在情愿推掉这份责任，就像在布雷达那时一样。考尼茨–里特贝格伯爵·文策尔·安东目前的健康状况不容乐观，而且他也无法完成自己计划好的事情，所以他更想放弃这次任务。但玛丽亚·特蕾莎相信考尼茨–里特贝格伯爵·文策尔·安东的能力，不会弃他不用。因为考虑以何种头衔出席大会，考尼茨–里特贝格伯爵·文策尔·安东推迟了三个月抵达艾克斯拉沙佩勒。此次大会是一场蓄谋了几个月的阴谋。几乎所有大国都认为私下谈判和单独缔结条约比通过大会议题商讨解决方案更能获得优势,并且每个国家都希望先确定条约的某些要点,之后再开始整体讨论。因此,大不列颠王国通过当时身在伦敦的西班牙王国大臣理查德·沃尔与西班牙王国进行了密切谈判。谈判结果并不是签订一项条约,而是确定了大不列颠王国不惜一切代价为帕尔马大公腓力索要帕尔马和皮亚琴察的决心。只有这样,大不列颠王国才能确保拥有直布罗陀海峡。于是,玛丽亚·特蕾莎再次与法兰西王国进行谈判,并且达成了令人满意的条款。因此,玛丽亚·特蕾莎授权奥地利大公国大使结束了初步会议。缔约各方希望得到的结果大多是维持战争前的格局。在意大利,帕尔马和皮亚琴察的归属问题受到了两方面限制,一是保留归还奥地利大公国的权力,二是托斯卡纳公爵对其拥有反割让权力。最重要的是,会议刻意避免谈及确保腓特烈大帝后期所获领土的问题。奥地利大公国与法兰西王国的全权代表将在大会上齐心协力,试图使各国遵循这些初步协议。即使不能与其他国家达成一致,奥地利大公国与法兰西王国也仍会信守承诺。此次安排十分周全。考尼茨-里特贝格伯爵·文策尔·安东认为自己可以确保这些条款的实现,并且称赞初步条约十分合理。对于奥地利大公国而言,真正的问题有两个,即玛丽亚·特蕾莎在意大利半岛的地位,以及玛丽亚·特蕾莎对普鲁士王国的态度。玛丽亚·特蕾莎无法忍受失去任何一块祖先领土。但根据《沃尔姆斯条约》,为了确保与查理·伊曼纽三世的合作,奥地利大公国附近的某些地区已经开始屈服了。

玛丽亚·特蕾莎所有的努力都是为了避免割让领土,或者是为了避免统治权遭到进一步削弱。玛丽亚·特蕾莎唯恐帕尔马大公腓力在西班牙王国的要求下建立政权。如果大会向玛丽亚·特蕾莎提出一个或两个要求,那么玛丽亚·特蕾莎认为自己应该获得一定的补偿。玛丽亚·特蕾莎从未忘记重新讨论西里西亚问题,即使她目前仍然信守着在德累斯顿做的承诺。在考尼茨-里特贝格伯爵·文策尔·安东高度认可的初步协议中,帕尔马大公腓力建立的政权很可能回到玛丽亚·特蕾莎手中。因为失去了沃尔姆斯,玛丽亚·特蕾莎有可能重新得到未受担保的西里西亚。这些条款可能比玛丽亚·特蕾莎从大不列颠王国得到的条件更好。因为大不列颠王国外交部已经让玛丽亚·特蕾莎清楚地明白,大不列颠王国不仅要求玛丽亚·特蕾莎履行有利于查理·伊曼纽三世的《沃尔姆斯条约》,而且要求其将帕尔马和皮亚琴察转让给帕尔马大公腓力。这样一来,沃尔姆斯不仅没有归还给奥地利大公国,反而给了现在的拥有者查理·伊曼纽三世。托马斯·鲁滨孙在柏林试图为本国行为辩护。玛丽亚·特蕾莎对此表示愤怒和蔑视。玛丽亚·特蕾莎问道:"为什么奥地利大公国总是被与自己息息相关的谈判拒之门外?"大不列颠王国的施压已经迫使玛丽亚·特蕾莎三次放弃了奥地利大公国的部分领土。玛丽亚·特蕾莎会屈服第四次吗?玛丽亚·特蕾莎还说道:"如果奥地利大公国可以恢复到意大利战争前的格局,那么我将做出令大家满意的安排。然而,查理·伊曼纽三世打算占尽优势,丝毫不顾及奥地利大公国。天啊!我受够了你们的无情利用!普鲁士王国国王腓特烈大帝也是如此待我。种种事件揭开了太多以前的创伤,也造成了新的创伤。"很明显,玛丽亚·特蕾莎希望从对手那里得到的比从盟友那里得到的多。玛丽亚·特蕾莎和考尼茨-里特贝格伯爵·文策尔·安东都认识到谈判困难的关键在于法兰西王国,但他们不仅忘记了自己没有促使法兰西王国单独签订条约的条件,而且想当然地认为法兰西王国宁愿与奥地利大公国交好,也不愿与大不列颠王国和平相处。考虑到目前的谈判状态,玛丽亚·特蕾莎和考尼茨-里特贝格伯爵·文策尔·安东这样认为也并非没有道理。正如考尼茨-里特贝格伯爵·文策尔·安东所说,他确实没有理由质疑法兰西王国大使说法的真实性。因此,1747年4月30日晚,考尼茨-里特贝格伯爵·文策尔·安东为法兰西王国大使准备了一次晚宴。晚宴上,桑威奇伯爵约翰·蒙塔古告诉考尼茨-里特贝格伯爵·文策尔·安东,法兰西王国和海上大国之间已经达成了初步协议。考尼茨-里特贝格伯爵·文策尔·安东对此大为震惊。能够提供优越条件的一方自然是讨价还价时最受青睐的一方。考尼茨-里特贝格伯爵·文策尔·安东或玛丽亚·特蕾莎并没有对初步形成的条约感到意外。事实上,托马斯·鲁滨孙曾在维也纳解释过这些条款。各国将归还在欧洲和殖民地所征服的一切。敦刻尔克陆地上的防御工事得到保留,但其海上防御力量则遭到了剥夺。帕尔马、皮亚琴察和瓜斯塔拉从此落入帕尔马大公腓力手中。摩德纳和热那亚保留了在战争前的领土范围。除了皮亚琴察，《沃尔姆斯条约》已经向查理·伊曼纽三世证实，大不列颠王国获得了重新诠释权力地位的机会，并且为汉诺威王朝继承权提供了保障。弗朗茨一世的神圣罗马帝国皇帝地位得到了认可。由普鲁士王国和撒丁王国修改的《国事诏书》也得到了保证。腓特烈大帝在西里西亚和格拉茨的地位得到了认可。一项不成文条款规定，任何拒绝接受上述这些条件的国家都将失去条约赋予的优势。但如果奥地利大公国宫廷及其代表都对已有条款感到意外，那他们可以表达自己的不满，而且考尼茨-里特贝格伯爵·文策尔·安东已经直接向法兰西王国全权代表表明了这一点。然而，考尼茨-里特贝格伯爵·文策尔·安东不得不承认大不列颠王国的势力难以抵挡，他立刻压抑住了对法兰西王国的愤怒之情，并向法兰西王国表达了对大不列颠国王的强烈不满。只有在新盟友那里，考尼茨-里特贝格伯爵·文策尔·安东才能将如此令人不满的条款归咎于大不列颠王国。

考尼茨-里特贝格伯爵·文策尔·安东接到了维也纳的指示。玛丽亚·特蕾莎表示，就战争问题而言，她会立即接受这些条款。但玛丽亚·特蕾莎无法理解自己与盟友之间的关系与恢复和平有何关系。至于普鲁士王国的保证，玛丽亚·特蕾莎只能设想这些条款不是为了支持普鲁士王国的侵犯行为，而是为了保障《德累斯顿条约》的实施。在此意义上，玛丽亚·特蕾莎已经准备好接受这些条款了。

各国并非十分认同初步协议，因而也打破了在最后条约中更改条款的希望。虽然各国自由交换了意见，但所有提议都会遭到某些利害相关国家的极力反对。此外，奥地利大公国不打算给法兰西王国任何好处，导致所有提议最终都无效。事实上，各国都认为法兰西王国外交大臣没有认真提出意见，或者都怀疑除圣塞弗兰写信给外交大臣时明确表达的意见之外，法兰西王国还有其他提议。"整个谈判有一个最大好处，那就是在未来几年内，奥地利大公国和撒丁王国都不会忘记大不列颠王国所耍的花招。"出现困难的不仅仅是大不列颠王国。初步协议中设想了对低地国家的补偿方法，但各国对荷兰问题的谈论依然十分激烈。玛丽亚·特蕾莎要求将领土和堡垒直接交还给奥地利大公国,并且指出荷兰进城驻军的要求十分荒谬,因为那些城市要么是奥地利大公国无法控制的,要么是已被法兰西王国夷为平地的。而荷兰人则声称《屏障条约》绝对有效。但玛丽亚·特蕾莎则准备摆脱它的限制。

玛丽亚·特蕾莎逐渐意识到为了改善条款进行斗争毫无意义。玛丽亚·特蕾莎比大臣们更渴望缔结和平条约。但在某些方面,玛丽亚·特蕾莎绝对不会屈服。玛丽亚·特蕾莎决定昭告全世界,奥地利大公国没有参与该条约的签订,并且该条约违背了玛丽亚·特蕾莎本人的意愿。为了缔结和平条约,玛丽亚·特蕾莎准备允许考尼茨-里特贝格伯爵·文策尔·安东在文件上追加签名,但同时指示考尼茨-里特贝格伯爵·文策尔·安东,除非对包括堡垒问题在内的几项条款做出重大修改,否则暂时不予签字。1747年10月18日,大不列颠王国、荷兰和法兰西王国的代表签署了该条约。其他大国也逐渐接受了该条约。最后一位签字的是查理·伊曼纽三世。直到1747年11月17日,查理·伊曼纽三世的代表才签署了该条约。

艾克斯拉沙佩勒的长期谈判在玛丽亚·特蕾莎及考尼茨-里特贝格伯爵·文策尔·安东的心中留下了深刻印象。维也纳的许多聪明人已经在战争中认识到奥地利大公国的真正危险不在于法兰西王国,而在于普鲁士王国。很明显,为了反对新的对手,奥地利大公国与大不列颠王国的旧联盟失去了价值。只要大不列颠王国与法兰西王国之间的敌意依然存在,奥地利大公国就占优势。低地国家是法兰西王国和大不列颠王国之间的天然战场。低地国家虽然是奥地利大公国的财产,但距离神圣罗马帝国中心较远,从而可以使德意志各州免于危险。海上斗争不断消耗着法兰西王国的资源。然而,人们认为,如果战争发生在陆地或者德意志中心地带,那么奥地利大公国更需要一个军事力量雄厚的盟友。虽然奥地利大公国与普鲁士王国迄今为止一直相互敌对,但两国建立友谊并非绝不可能。与此同时,人们发现大不列颠王国并非一个好盟友。大不列颠王国不仅极其重视自己所贡献的金钱援助,而且固执地独自指挥与法兰西王国的战争,同时总是要求盟国为了整体利益做出牺牲,却很少顾及盟国的利益。

第 4 章
玛丽亚·特蕾莎早期的改革
(1748—1757)

精彩看点

玛丽亚·特蕾莎渴望恢复和平——奥地利君主制的弊病——军队改革——弗雷德里希·威廉·冯·霍格维茨伯爵的改革建议——改革打压了贵族特权——军队重组——政府各部门改革——改革导致了官僚政治——奥地利大公国各省的分离倾向——自治政策和土地税问题——克里斯蒂亚尼大法官的计划——宪法成为改革阻力

1748年7月，大不列颠王国大臣乌尔费尔德给在艾克斯拉沙佩勒谈判的奥地利大公国代表考尼茨–里特贝格伯爵·文策尔·安东写了一封信。他在信中写道："玛丽亚·特蕾莎迫切希望看到奥地利大公国军队回国，唯恐军队的延误会扰乱弗雷德里希·威廉·冯·霍格维茨伯爵的改革制度。这份恐惧使玛丽亚·特蕾莎时不时感到急躁并产生了各种奇怪的想法，譬如全权委托大不列颠王国代表奥地利大公国谈判，以期加快和平的恢复和军队的回归。"事实上，玛丽亚·特蕾莎这段时间一直渴望实现和平，并且愿意为此付出所需的代价。玛丽亚·特蕾莎头脑聪明，而且从八年战争学到了很多。现在，她完全可以理解战争的实质，同时已经从漫长的斗争中脱颖而出并取得了一些成功。玛丽亚·特蕾莎执政之初，最看好她的朋友几乎都不敢相信她能取得这些成功。玛丽亚·特蕾莎仍在欧洲君主中占据着最重要的地位。即使如此，玛丽亚·特蕾莎也还是失去了一个富裕的省份。一个新兴大国逐渐崛起，并且不断侵蚀着玛丽亚·特蕾莎的势力。此外，玛丽亚·特蕾莎不止一次地发现她不得不采取一系列完全违背自己意愿的方式来解决问题。

　　将屈辱加给玛丽亚·特蕾莎的不是对手，而是奥地利大公国的盟友。但玛丽亚·特蕾莎又不能失去这样的盟友，这证明了玛丽亚·特蕾莎的软弱。玛丽亚·特蕾莎认识到自己的软弱主要因为自己总是受困于政府体制的缺陷。作为一个年轻女人，玛丽亚·特蕾莎在政治方面的教育一直不受重视。为了确保顺利继承广袤但不团结的世袭领地，玛丽亚·特蕾莎采取的每一个措施不可能不受到奥地利大公国已有的政策和大臣们的影响。即使玛丽亚·特蕾莎有明确的意愿，却没有足够的信心去坚持。中世纪欧洲政治制度衰亡后留下的残骸，从各个方面阻碍着政府的进步。奥地利大公国众议院遵循多年的政策在年老议员的心中根深蒂固，这使老议员无法适应欧洲已经变化了的政治环境。大臣之间相互竞争、自私自利，这也导致他们无法提出任何重大建议或统一意见。正如玛丽亚·特蕾莎自己所说，在早年的统治时期，玛丽亚·特蕾莎"没有军队，没有钱，没有声望，没有经验和知识，也没有大臣的建议，因为每位大臣最在意的事情只是政治变化对自己的影响"。不止一任首相这么说过。统治奥地利大公国八年后，玛丽亚·特蕾莎彻底改变了立场。玛丽亚·特蕾莎表示，"议员们的离世使她感到轻松，因为议员们存有偏见，无法提供有用的建议，但他们有功绩，受人尊敬，因而不能随意罢免"。玛丽亚·特蕾莎积累了许多政治经验，也更加明白了自己的价值，并且觉得自己无须依赖丈夫弗朗茨一世的建议。从继位那一刻起，玛丽亚·特蕾莎便决心励精图治，全力维护奥地利人的利益。但战争使玛丽亚·特蕾莎无法在政治上施展抱负，为此，玛丽亚·特蕾莎感到屈辱不堪。为了将来能够收回失去的省份或者得到与失去省份相当的补偿，玛丽亚·特蕾莎不得不忍辱负重。玛丽亚·特蕾莎认为《艾克斯拉沙佩勒条约》只是暂时的——因为她确信普鲁士王国国王腓特烈大帝有侵略倾向。玛丽亚·特蕾莎渴望奥地利大公国拥有一段稳定时期，从而有机会在国内实施她所计划的伟大改革。

玛丽亚·特蕾莎考虑过自己的处境，也总结了政府体制普遍存在的弱点。而一切弱点的根源在于奥地利君主制的破裂与落后。封建君主制度遗留的继承制仍适用于政府各个部门。奥地利大公国本身由各个不同的省组成。各省统治者分别施行不同的制度。地方主义和贵族渗透到整个政治体系中。玛丽亚·特蕾莎认为，解决目前体制问题的关键在于实现当时的政治理想，即建立一种仁慈的专制制度，加强中央集权并使国家主权凌驾于地方贵族之上。与此同时，玛丽亚·特蕾莎清楚地看到了欧洲格局的变化。在欧洲体系中，奥地利大公国的主要

有关艾克斯拉沙佩勒即将实现和平的寓言

职责不再是制衡波旁王朝,而是保护自己免受邻国侵犯。之前的条约和联盟制度可能不再适合新目标了。玛丽亚·特蕾莎虽然还未打算立即采取调整后的政策,但她深早晚都要走这一步。为了使政策符合这个新而多变的世界,玛丽亚·特蕾莎迫切需要志同道合的大臣。最终,玛丽亚·特蕾莎找到了三位与自己志同道合的大臣,他们分别是弗雷德里希·威廉·冯·霍格维茨伯爵和霍泰克伯爵约翰·卡尔·里特尔,以及更伟大的考尼茨-里特贝格伯爵·文策尔·安东。他们三人相辅相成,被视为创建近代奥地利大公国的伟大推动者。虽然考尼茨-里特贝格伯爵·文策尔·安东的工作是管理外交事务,而且他的主要活动集中于改革晚期,但玛丽亚·特蕾莎依然对他的能力大加赞赏,并与他建立了亲密的友谊,这使考尼茨-里特贝格伯爵·文策尔·安东在政府部门中都拥有巨大的影响力。在当时的政府中,无论是碰到困难还是遇到问题,官员都会咨询考尼茨-里特贝格伯爵·文策尔·安东的意见。

经过多年战争，玛丽亚·特蕾莎的注意力自然而然地转向了军队改革。奥地利大公国军队一直失败的根源在于实力薄弱和缺乏有效的管理手段。玛丽亚·特蕾莎也因此在盟友那里蒙受耻辱。现在，中央集权的必要性显而易见。目前，国家只有在需要时才召集各省军队，平时军队交由地方管理；国家每年对地方拨款，这样既能招到足够多的士兵，也能解决地方的资金问题；国家通过实物征收向军队提供大部分必需品，包括营区、食品、饲料和马匹等。这样安排有着不可避免的缺陷。因为各省尽可能多地提出自己的需要，试图让其他省份承担最大的公共负担，从而忽略了帝国的整体利益。也正是出于这个原因，西里西亚和波希米亚军队曾因人数不足使腓特烈大帝有了进攻机会。虽然玛丽亚·特蕾莎认为奥地利大公国正在遭受各方面的威胁，且目前的军队制度似乎无法保护奥地利大公国的领土，但玛丽亚·特蕾莎还是认为每年要求地方各省勉强上交物资是一种屈辱。

弗雷德里希·威廉·冯·霍格维茨伯爵为玛丽亚·特蕾莎提供了有效的改革方案。弗雷德里希·威廉·冯·霍格维茨伯爵是一位地位显赫的西里西亚贵族，他坚定不移地维护奥地利大公国利益，不信任普鲁士王国国王腓特烈大帝，并最终赢得了玛丽亚·特蕾莎的信任。玛丽亚·特蕾莎的秘书科赫向她呈报了弗雷德里希·威廉·冯·霍格维茨伯爵的改革意见，其意见与玛丽亚·特蕾莎的不谋而合。弗雷德里希·威廉·冯·霍格维茨伯爵认为奥地利大公国的安全系于君主对军队的直接领导，以及在和平时期维持足够数量的军队。玛丽亚·特蕾莎有一个习惯，即乐于听取他人意见，即使只是个人意见。对于切实可行的意见，玛丽亚·特蕾莎会要求提意见者全面阐述其观点。因此，玛丽亚·特蕾莎请弗雷德里希·威廉·冯·霍格维茨伯爵阐述军队改革的具体想法。弗雷德里希·威廉·冯·霍格维茨伯爵也立即提出了一个切实有效的计划。弗雷德里希·威廉·冯·霍格维茨伯爵认为奥地利大公国保障自身安全至少需要一支拥有十万八千人的军队，同时军队每年所需的军费为一千四百万荷兰盾——比以往省级地方缴纳的资费增加了至少五百万荷兰盾。为避免拨款金额中途受阻或产生波动，弗雷德里希·威廉·冯·霍格维茨伯爵建议以十年为一个拨款期。这样一来，无论是贵族还是平民，所有人都能享受军队带来的保障。因此，所有人都应该缴纳相应的税赋。取消所有的实物支付是增加税收的一种补充办法。如果施行弗雷德里希·威廉·冯·霍格维茨伯爵的计划，那么玛丽亚·特蕾莎将拥有一支强大的军队来保障奥地利大公国的安全，并且有固定的收入来维持军队运行，从而可以摆脱贵族阶层的种种束缚。从此，军队隶属于国家，并且能够以腓特烈大帝的成功模式进行军队重组。该计划的优势巨大而显著，其真正意义在于进行政治改革，包括建立国家至高无上的地位。改革后，军队不仅不受省级地方干涉，而且打压了贵族最珍惜的特权。在其他地方，尤其是法兰西王国，贵

18世纪中期的腓特烈大帝

族阶层无须缴纳赋税,从而严重阻碍了政治改革的进程。现在,贵族将失去这一特权。从此,任何财产都不得免税,即使是不动产和租金,也要缴纳赋税。但赋税平等尚未完全实现,租户缴纳赋税的比重仍然高于房屋所有者。然而,所有人共同承担公共负担的原则已经确立起来。

改革措施严重打压了贵族特权。贵族阶层不可能不进行抵抗。改革计划提交到议会之前,弗雷德里克·奥古斯特·冯·哈拉赫-劳罗伯爵是反对派的主要领导人。弗雷德里克·奥古斯特·冯·哈拉赫-劳罗伯爵家族地位显贵,在政府中担任要职,因而拥有较高的话语权。弗雷德里克·奥古斯特·冯·哈拉赫-劳罗伯爵不仅是议会成员和波希米亚大法官,而且还是其兄长斐迪南·博纳文图拉·冯·哈拉赫的代表。此外,弗雷德里克·奥古斯特·冯·哈拉赫-劳罗伯爵还是恩斯河以外的奥地利大公国陆军元帅。因此,他是改革面临的一个强大且难以击败的对手。一个有能力成为《德累斯顿条约》谈判者的人选也不可能在智谋上逊色。弗雷德里克·奥古斯特·冯·哈拉赫-劳罗伯爵立即制订了一项与弗雷德里希·威廉·冯·霍格维茨伯爵完全相反的改革计划,他提议财政部的所有需求都由各省地方每年缴纳的资费来满足。议会其他成员对弗雷德里克·奥古斯特·冯·哈拉赫-劳罗伯爵的提议表示认同,同时对省级地方权力的扩大感到沮丧。玛丽亚·特蕾莎发现有可能诱使议会成员同意弗雷德里希·威廉·冯·霍格维茨伯爵的计划,即十年休会。这样一来,这场斗争已经胜利了一半,但还需要处理地方各省的反对意见。几年后,通过行使专制权力——至少在卡林西亚,奥地利大公国才使德意志和波希米亚各省接受了这一措施。

十年休会促成了军队重组。鉴于奥地利大公国取得的辉煌成就,人们无法相信曾经的奥地利大公国军队的纪律竟然如此散漫。现在,军队逐渐恢复了秩序,配备了统一服装和武器,组成了人数大致相同的团;减少了非正规军队,严明了军队的纪律;边疆士兵组成团,负责镇压损害国家利益的军事行为;此外,还有人企图模仿普鲁士王国军队的快速射击与部署。事实上,近代军队的所有组织细节都是军队集中在玛丽亚·特蕾莎手中的结果。为了检验取得的实际成果,军队组织了演习营和军事演习。玛丽亚·特蕾莎本人经常参加检阅。

玛丽亚·特蕾莎还建立了培养军官的科学教育机构，这表明了玛丽亚·特蕾莎对一支好军队的理解。玛丽亚·特蕾莎采取了类似征兵制的征兵方式，同时提出了行之有效的征兵手段。然而，因为有些官职只能由贵族担任，征兵效率仍然不高。

军队改革只是改革的初步举措。玛丽亚·特蕾莎再次听取弗雷德里希·威廉·冯·霍格维茨伯爵的建议，将军队改革原则贯彻到了政府各部门的改革中。波希米亚和奥地利大公国的双重法庭一直阻碍着政府的完全统一，现在二者融合为一个法庭。各省设立了下属法院，称为代表处。代表处仅对总法院负责并在当地履行职责。地方议会的成立逐步加固了中央政权。没有任何制度能够对奥地利大公国产生更大影响。地方议会代表皇家法院，负责报告一切滥用权力的行为，以及国家不准许的行为。因此，地方议会逐渐掌握了政府各部门的权力，甚至取代了城市的公共安排，将警察掌握在自己手中，同时取得了公共财产的管理权。但最重要的是，地方议会成为农民权利的捍卫者，帮助农民反对领主的侵犯，以及封建制度遗留的罪恶行为。

行政集权与政府职能分工并行不悖。旧法院中的司法监督现在从法院中分离出来。国家成立了一个高等法院。该法院成了整个司法系统至高无上的权威。法院集权表明了不同法院在不同省份的作用不尽相同。因此，政府开始尝试编纂现行法律。奥地利大公国各省份之间的巨大差异立刻凸现出来。各省分别设立了委员会。委员会成员很快发现，为了使工作进展顺利，政府不仅需要编纂法典，而且需要对民法进行全面的改革与统一。1753年2月，神圣罗马帝国成立了一个委员会，令其负责为德意志所有省份编纂新的民事诉讼法。然而，这项浩大工程不仅耗费了巨大的人力和时间，而且遇到了很多困难和阻力。因此，当民事诉讼法于1766年问世时，人们觉得仍须推迟其实际应用的日期。刑法法典的编纂则比较成功，并于1768年开始试用。

毋庸置疑，奥地利大公国为实现集中管理而采取的措施并不完善，甚至隐藏着罪恶。就目前情况来看，不扩大地方各省赖以存在的基础，反而废除地方各省的权力是一种反对改革的表现。因此，高度集权使官场死气沉沉。然而，即使是最伟大的政治家，也会受到当时知识和风气的影响，无法拥有先见之明。此次改革没有显示出政治家有能力通过改革来重组政府每个部门，同时为每个部门注入新活力，从而拯救一个濒临崩溃的帝国。政治家的算计并未考虑民众力量。在很大程度上，一个主权国家应该有意识地维护各个群体的利益并使之成为改革力量的丰富源泉。

玛丽亚·特蕾莎拥有果敢的改革精神，因而在霍泰克伯爵约翰·卡尔·里特尔的协助下对国内立法进行了改革。弗雷德里希·威廉·冯·霍格维茨伯爵的对手——更准确地说是敌人，仍然在坚持立法改革。弗雷德里希·威廉·冯·霍格维茨伯爵现在十分擅长管理间接税、消费税和其他同类问题。与弗雷德里希·威廉·冯·霍格维茨伯爵相比，霍泰克伯爵约翰·卡尔·里特尔也未能摆脱时代的限制。商业制度在政治经济领域仍然具有不可动摇的影响力。但霍泰克伯爵约翰·卡尔·里特尔有其自身优点，他可以清楚地认识到一个国家的力量仰赖于人民的福祉，并致力于通过采取措施来增加人民的福祉。这些措施总是倾向维护帝国统一和至高无上的国家主权。在经济上，霍泰克伯爵约翰·卡尔·里特尔的旧措施严格符合旧理论；高昂的关税甚至是国家禁止贸易守护着边境并保护生产者；垄断特权被用来刺激工业发展。不管自然需求如何，政府机构、贷款和保险创造了新的生产形式。奥地利大公国各省的分离倾向一直是这个国家的隐患，该问题因国内过路费的减少而得到了某种程度的缓解。随着道路系统逐步完善，各省之间的交流也日趋便利。这一巨大优势由一种税种保障着，而该税种不允许贵族免税。

保护制度的目的是扩大人民的权利，国家从而获得更高税收。据推测，纳税人以更高的价格售卖货物，可以向国家缴纳更多税款。如果直接缴纳实物，人民的负担不但不会减轻，反而会大大增加。弗雷德里希·威廉·冯·霍格维茨伯爵及其西里西亚同僚遭到了贵族普遍的敌视和仇恨。但与霍泰克伯爵约翰·卡尔·里特尔所遭受的仇恨相比，这种仇恨微不足道。这种制度也并非总利于帝国统一。匈牙利王国未施行通行费和关税改革。奥地利大公国各省可以为匈牙利王国丰富的农产品提供市场，但前提是维持物价，否则就无法缴纳足够的赋税。

的里雅斯特

对匈牙利不利的高关税也将继续存在。匈牙利王国鼓励多瑙河和提萨河山谷的玉米种植者和养牛经销商到国外寻找顾客,结果加剧了帝国分裂。但这种错误的政策也产生了某些好处。匈牙利王国的商品出口十分有必要。的里雅斯特和阜姆港成了威尼斯商人都会嫉妒的重要的商业中心,商业活动频繁。

改革后的奥地利大公国具备仁慈专制主义的特征,但并不局限于为人民谋求物质福祉。国民的明智服从、生产者的有序工作、统治阶级的教育和培训与普遍存在的道德松懈、粗野无礼、愚昧无知和迷信形成鲜明对比,为新制度的成功奠定了基础。因此,与其他制度改革一样,政府实行的教育改革也受到了极大关注。虽然小学改革完成较晚,但已经按正确方向采取了相应步骤,譬如1747年蒂罗尔州学校规章制度的制定,以及选择经验丰富、受人敬重者担任校长的规定。有序严格的考试制度为教育注入了新活力;政府制订了一系列计划,以期建立完整的技术教育体系,从而提高制造业工人的理论知识水平,以提升其工作能力。目前,该教育体系的课程与类似院校的课程并无两样。其特殊之处在于工人阶级开明的教学观念。接纳外行人担任教师职位也表明了自由主义思想的进步，因为当时奥地利大公国的所有教育资源都掌握在耶稣会会士或神职修士会人员手中。在高等教育领域，大学进行了彻底的改革。教授职位的级别得到了提升、薪水得到了提高，目的在于吸引其他国家的人才。同时，大学设计了新的教学方法并将其沿用了下来。大学的管辖权受到了严格限制。各学院都任命一位院长。教授们在院长的指导下工作。在整个改革过程中，大主教恩斯特·格雷夫·冯·特劳森担任学院主任，拥有专断权力。最后，政府接管大学的财产，支付所有教师的薪酬。至此，大学不再是一个独立的机构，而是国家的一个部门。毫无疑问，这项改革同所有其他改革一样，立刻显示出巨大的进步性。虽然它限制了思想和行动的独立性，也可能存在过度监管和官僚统治等弊端。

凡·斯威登是玛丽亚·特蕾莎的私人医生和朋友，他鼓舞了当时的人们对教育的热情。凡·斯威登的影响力足以与之前提到的三位推动奥地利大公国改革政治家的影响力相提并论。

这些广泛的改革仅限于奥地利大公国中部各省，因而并未构成国家重建的现代化基础。许多迹象表明玛丽亚·特蕾莎希望将改革扩展到其他三个偏远地区——匈牙利、伦巴第和荷兰。然而，玛丽亚·特蕾莎权力有限，她也清楚环境对自己的限制。玛丽亚·特蕾莎的政治措施与儿子约瑟夫二世未经修改的立法形成了鲜明对比，这使玛丽亚·特蕾莎遭到强烈反对，并且很快放弃了实行中央集权的计划。

玛丽亚·特蕾莎在这三个地区的地位截然不同。在匈牙利，玛丽亚·特蕾莎继承了自己家族长期拥有的王位，从而拥有了一个自由民族的领导地位。更确切地说，玛丽亚·特蕾莎是一位占主导地位的贵族。匈牙利贵族十分防范任何侵犯自己特权的行为，也防范任何可能将匈牙利与其他地方同化的措施。奥地利大公国在四十多年前才吞并伦巴第，导致伦巴第还未适应君主的更替。因此，在风俗和家庭关系上，伦巴第与西班牙王国的联系更密切，因为伦巴第是奥地利大公国从西班牙人手中夺走的。在荷兰，《屏障条约》的存在似乎使人们对玛丽亚·特蕾莎的完全主权产生了质疑。玛丽亚·特蕾莎在荷兰的地位及采取的措施成了关系国际政策的问题。

凡·斯威登（坐者）

长期以来，奥地利宫廷都想使嫉妒心强烈、特权优越的匈牙利与其他省份建立更密切的关系①，同时消除匈牙利与各省的差别，因为这些差别不仅没有优势，而且隐藏着危险。玛丽亚·特蕾莎具有强烈的正义感，并且心怀统一领土的强烈愿望。玛丽亚·特蕾莎无法眼看着奥地利大公国一部分领土承受着沉重的负担，而另一部分领土在承受负担的同时拥有相对自由权，因为正是这种情况引发了战争。在重新制定税收标准和实施维持军队的措施时，玛丽亚·特蕾莎对匈牙利的贡献感到震惊，因为匈牙利领土面积较大、富裕、人口较多，但其贡献仅占波希米亚的三分之一。玛丽亚·特蕾莎执政初期，匈牙利给了她很多帮助，虽然这种说法被夸大了，但匈牙利确实向玛丽亚·特蕾莎提供了大量援助。

---

① 匈牙利紧靠奥地利大公国的中心，后来的事件也表明匈牙利是影响奥地利大公国权力的重要因素。——原注

玛丽亚·特蕾莎对此很感激。与之前的君主不同，玛丽亚·特蕾莎依附于自己及其宫廷，同时依附于许多有势力的匈牙利贵族。现在，玛丽亚·特蕾莎相信这些匈牙利贵族对自己的支持，虽然其中一些贵族给了玛丽亚·特蕾莎一些警告，但玛丽亚·特蕾莎决定尝试消除自己遭受的不公正待遇。玛丽亚·特蕾莎与匈牙利贵族建立了友好关系，希望能在此基础上提出自己的主张，即全世界都能看到"过去一直反对奥地利大公国议会的匈牙利已经放下了妒忌，并且加入保卫奥地利大公国的行列中"。1751年，国会让玛丽亚·特蕾莎明白了这种希望的渺茫。玛丽亚·特蕾莎放弃了将匈牙利贵族纳入征税范围的想法，只要求贵族将上缴金额适度增加十二万荷兰盾。玛丽亚·特蕾莎的提议虽然得到了上议院的全力支持，但仍然遭到匈牙利贵族的强烈反对。这场激烈的争论持续了几个星期。最终，议会采取了众所周知的宪法形式，即一方面匈牙利在不公平消除之前拒绝提供多余物资，另一方面奥地利大公国在条件允许的情况下接受所需物资。最终，双方勉强达成妥协。玛丽亚·特蕾莎接受了匈牙利按原要求一半的比例缴纳税收。议会也做了一个含糊的承诺，即一定解决不公平问题。于是，限制贵族权力和建立以君主为首的有序政府的尝试都暂时停滞了下来。

至于其他两个地区，玛丽亚·特蕾莎希望在此建立众议院的下属分支机构。只要战争继续存在，奥地利大公国在米兰的处境就依然艰难。伦巴第贵族和西班牙人之间存在着密切的联系。相比新日耳曼统治者，伦巴第对长期统治自己的同族人怀有更深的同情。阴谋和叛国的信不断出现在德意志境内。但玛丽亚·特蕾莎似乎理解了伦巴第臣民的困难。只要他们重新宣布效忠，玛丽亚·特蕾莎就会赦免其叛国行为，但有少数人除外。这种宽大仁慈的处理方式产生了良好效果。在艾克斯拉沙佩勒和平会议及尼斯会议之后的一年里，伦巴第半岛上的许多问题都得到了解决。同时，几乎听不到任何叛国的消息了。维也纳的一个委员会负责伦巴第的管理工作。在委员会的监督下，伦巴第由一名总督管理。该总督任期三年，住在米兰。斐迪南·博纳文图拉·冯·哈拉赫和卢卡斯·约翰·帕拉维奇尼伯爵轮流担任这一职务。斐迪南·博纳文图拉·冯·哈拉赫很适合自己扮演的调和角色，他成功地赢得了意大利人的好感，从而为征收更多赋税铺平了道路。而增加赋税收入是奥地利宫廷的一个永久目标。玛丽亚·特蕾莎的首要目标是增加军队数量,同时增加维持军队的资金。增加意大利北部省份的税收是一项艰巨的任务,但卢卡斯·约翰·帕拉维奇尼伯爵与其能力更强的助手——克里斯蒂亚尼大法官找到了解决办法。新办法对财产税展开了新调查,对土地税采取新型结算方式,合理安排了间接税,从而稳定了公共债务。在不妨碍人民生产活动的情况下,这一系列措施实现了税收的增长。最有效的做法就是收回了教会的免税权。该措施是政府与教皇本笃十四世协商的结果。1757年,政府确立了教会的纳税原则,在取消特权方面取得了明显进展,但进展依然有限。此外,政府集权力度还远远不够。在克里斯蒂亚尼大法官的领导下,政府的行

教皇本笃十四世

为有益无害。克里斯蒂亚尼大法官相貌平平无奇、举止粗野,硬是闯到前线,不仅为自己赢得了宫廷的信任,而且赢得了实施包围计划的意大利列强的信任。教会似乎更倾向于自治,而非受政府管制。政府允许教会在许多方面拥有自治权。所有纳税人都是大教会的成员。另外三名民选官员组成了一个常设执行委员会。自治政策的实施和土地税问题的解决,大大促进了农业的发展。此事给伦巴第人民留下了不可磨灭的印象。

克里斯蒂亚尼大法官提议并实施了一项计划。该计划与玛丽亚·特蕾莎的愿望完全一致,也因此得到了玛丽亚·特蕾莎的大力支持并取得了成功。该计划的目的是给予奥地利王室一位王子独立的领导地位。为了达到此目的,克里斯蒂亚尼大法官利用了摩德纳统治家族的地位。摩德纳公爵弗朗茨三世在王位继承战争中曾依附于法兰西王国,现在恢复了独立。摩德纳公爵弗朗茨三世的儿

摩德纳公爵弗朗茨三世

子摩德纳公爵埃尔科莱三世娶了马萨-卡拉拉公国富有的女继承人玛丽亚·特蕾莎·齐博-马拉斯皮纳，并且生了一个女儿，即马萨女大公玛丽亚·贝亚特丽丝。但摩德纳公爵埃尔科莱三世与妻子争吵不断，最终二人分居。摩德纳公爵埃尔科莱三世的女儿成了母亲和祖父摩德纳公爵弗朗茨三世全部财产的继承人。克里斯蒂亚尼大法官想让奥地利大公国的一位大公①迎娶这位富有的公主并获得其继承的巨额遗产。摩德纳公爵弗朗茨三世喜欢奢侈的生活，因此他与奥地利大公国签订了一项条约来满足自己的欲望。根据该条约，年轻的马萨女大公玛丽亚·贝亚特丽丝成为利奥波德大公的未婚妻。或者，如果利奥波德大公没有与马萨女大公玛丽亚·贝亚特丽丝成婚，那么利奥波德大公的弟弟将会与马萨女大公玛丽亚·贝亚特丽丝成婚并继承摩德纳的财产。作为交换条件，摩德纳公爵弗朗茨三世将担任米兰总督，获得丰厚收入和自由享乐的条件，直到年轻的大公接替他的职位。奥地利大公国认为摩德纳公爵弗朗茨三世无法建立一个好政府，便任命克里斯蒂亚尼大法官为全权公使，与摩德纳公爵弗朗茨三世一起工作。如果该计划奏效，那么奥地利大公国大公迟早会占据伦巴第和摩德纳联合王国的王位。

玛丽亚·特蕾莎在低地国家实施的计划也体现了同样的想法，即在远方领土扶持奥地利大公国大公，为其争取独立地位。玛丽亚·特蕾莎将妹妹玛丽亚·安娜嫁给了自己丈夫的弟弟——洛林公爵查理·亚历山大，同时将低地国家交给他们管理。玛丽亚·安娜于1745年去世后，玛丽亚·特蕾莎立即写道："在我的统治下，除了建立两院，我别无欣慰之处。两院可以互相支持，这与其说是为了壮大奥地利大公国继任者的实力，不如说是为了国家的利益。"但在玛丽亚·安娜逝世后，这种希望就破灭了。接下来的几年充满痛苦与灾难，直到签署了《艾克斯拉沙佩勒条约》。低地国家战争不断，同时成了法兰西王国军队的牺牲品。在这种情况下，法兰西王国军队因其相对温和的做法并没有招致骂名。考尼茨-里特贝格伯爵·文策尔·安东是荷兰政府的全权公使，他亲眼见证了玛丽亚·特蕾莎的痛苦遭遇，但除了表示同情，他也无能为力。

---

① 旧时奥地利大公国王子。——原注

摩德纳公爵埃尔科莱三世

玛丽亚·特蕾莎·齐博-马拉斯皮纳

马萨女大公玛丽亚·贝亚特丽丝

玛丽亚·安娜

在国家重获和平之后，洛林公爵查理·亚历山大也恢复了职务。洛林公爵查理·亚历山大的首席顾问是安东尼奥托·博塔·阿多尔诺侯爵。洛林公爵查理·亚历山大管理不善，导致奥地利人被迫离开热那亚。如今他却升至如此之高的职位，着实令人不解。洛林公爵查理·亚历山大之所以能担任此职位，是因为投入了大量资金。他的成功也说明了这一点。洛林公爵查理·亚历山大和安东尼奥托·博塔·阿多尔诺侯爵统治比利时的时期，是比利时历史上最平静、最繁荣的时期之一。二者的工作主要是减轻战争造成的灾难，以及恢复商业繁荣。宪法允许各省拥有大量的自治权力，同时保护贵族和牧师们的许多特权。由此看来，宪法是反对玛丽亚·特蕾莎采用新政策的最大阻力，但没有人试图改变宪法。因为改变宪法会激发反对派的恐惧。玛丽亚·特蕾莎和大臣在荷兰的行为温和而谨慎。他们推行渐进式改革，没有铺张浪费，积极寻求民众合作，并且不遗余力地向民众解释政府的意图完全是善意的。因此，出于不同的动机，玛丽亚·特蕾莎参与了反对《屏障条约》的活动。毫无疑问，玛丽亚·特蕾莎已经真正认识到了臣民所受的伤害。但玛丽亚·特蕾莎之所以在争论中表现出极大热情，是因为她秉持着更加高尚的政治目标，即在进行改革之前赢得人民的信任，从而使荷兰宪法与其政府的一般原则相协调。

第 5 章

联盟体系的演变

（1748—1755）

精彩看点

弗雷德里希·威廉·冯·霍格维茨伯爵主导政治改革——文策尔·安东·考尼茨-里特贝格参与的外交斗争——反对腓特烈大帝的秘密阴谋——考尼茨-里特贝格伯爵·文策尔·安东担任首相职务——大不列颠王国与奥地利大公国重建外交关系——《屏障条约》——考尼茨-里特贝格伯爵·文策尔·安东的外交努力——腓特烈大帝签署大不列颠-普鲁士联盟条约——《凡尔赛条约》——玛丽亚·特蕾莎被迫采取敌对行动

弗雷德里希·威廉·冯·霍格维茨伯爵主导了奥地利大公国的政治改革,此次改革使奥地利大公国受益良多。改革在许多方面遵循了奥地利大公国传统的宽宏精神。然而,玛丽亚·特蕾莎不只具备慷慨仁慈的性格,还十分看重君主的职责,并且天生能够感知人们的悲哀喜乐。但玛丽亚·特蕾莎最大的理想在于实现国家富强、提高军队效率,以及获得充足稳定的税收,而不仅仅是为人们谋求幸福。玛丽亚·特蕾莎实行的所有行政改革及财政措施都是为了实现这些目标。玛丽亚·特蕾莎切实关心教育,从不夸夸其谈,这并不是因为她热爱学习,而是因为她想更好地为国家服务。改革使玛丽亚·特蕾莎开始了创新之路。同时,执政环境也发生了巨大变化。玛丽亚·特蕾莎很快认识到更彻底地打破传统可能有利于奥地利大公国的对外关系。战争期间曾有过多次重大抉择时刻,这使玛丽亚·特蕾莎突然意识到改变整个战线的可能性和优势。战争结束后,特别是在艾克斯拉沙佩勒谈判结束之后,玛丽亚·特蕾莎的想法变得非常明确。玛丽亚·特蕾莎决定正式考虑推行政治改革,并且要求参加会议的每个大臣都写下对政治制度的看法,提出奥地利大公国维系与欧洲友好关系的最佳方案。玛丽亚·特蕾莎甚至诱导丈夫弗朗茨一世参加了这个重要而正式的讨论。虽然大臣的论点或多或少有所不同,但会议所有成员都同意神圣罗马帝国皇帝弗朗茨一世的看法,即虽然奥地利大公国受到大不列颠王国的轻视,但奥地利大公国真正要奉行的政策是与大不列颠王国和俄罗斯帝国保持密切的友好关系。到

目前为止,与一贯依赖其统治者的国家交往时,奥地利大公国有必要采取一贯常用的政策。

会议成员普遍接受了该观点,但有一个重要人物提出了反对意见。会议中最年轻的成员是考尼茨-里特贝格伯爵·文策尔·安东。考尼茨-里特贝格伯爵·文策尔·安东是马克西米利安·乌尔里希·考尼茨-里特贝格伯爵和伯爵夫人玛丽亚·欧内斯廷·弗朗西斯卡·里特贝格的第二个儿子。考尼茨-里特贝格伯爵·文策尔·安东的父母都是贵族。他父亲似乎是一个十分有影响力的人物,母亲则是一个性格坚强、具有男子气概的女人。玛丽亚·欧内斯廷·弗朗西斯卡·里特贝格的性格给女儿们留下了深刻的印象,她也为女儿们的教育付出了很

维也纳

大心血,但她在儿子心智培养上的参与程度则难以确定。按照贵族家庭的习惯,作为家中的小儿子,考尼茨-里特贝格伯爵·文策尔·安东经教会指定成为牧师。在当时的欧洲,特别是在奥地利大公国,滥用教会特权的情况普遍存在。考尼茨-里特贝格伯爵·文策尔·安东在十三岁之前就获得了牧师称号。但哥哥的去世改变了考尼茨-里特贝格伯爵·文策尔·安东的职业生涯。也因此,考尼茨-里特贝格伯爵·文策尔·安东开始用自己的才能为国家服务。为了实现这个目标,他先后在维也纳、莱比锡和莱顿学习法律。完成学业之前,他长时间在意大利、法兰西王国和大不列颠王国旅行。此后,他又回到了维也纳,同时于二十四岁之前开始以"贝希斯-霍夫拉特"的名义从事公共事业。1741年3月，考尼茨-里特贝格伯爵·文策尔·安东奉命向教皇本笃十四世和查理·伊曼纽三世呈报约瑟夫大公诞生的消息。约瑟夫大公就是后来的约瑟夫二世。考尼茨-里特贝格伯爵·文策尔·安东对意大利宫廷的立场表示赞同，这显示出他特有的洞察力。考虑到卡洛·温琴佐·佛列罗·多尔梅亚侯爵的性格，奥地利大公国此次似乎需要一位更有能力的大使参加谈判。于是，考尼茨-里特贝格伯爵·文策尔·安东成为都灵谈判的合适人选。但考尼茨-里特贝格伯爵·文策尔·安东没有成功缔结条约。撒丁王国执意在各个争权夺利的大国之间保持独立，结果拖延了谈判进程。考尼茨-里特贝格伯爵·文策尔·安东回到了维也纳，休息了一段时间。之后，考尼茨-里特贝格伯爵·文策尔·安东开始以全权代表的名义管理低地国家。在那里，考尼茨-里特贝格伯爵·文策尔·安东目睹了盟国为阻止法兰西王国征服浪潮所做的努力。因此，考尼茨-里特贝格伯爵·文策尔·安东在艾克斯拉沙佩勒的外交斗争中坚决维护国家利益。同时，他也相信新的联盟体系能为奥地利大公国带来好处。文策尔·安东·考尼茨-里特贝格参加了恢复和平的会议并阐述了自己的观点。

考尼茨-里特贝格伯爵·文策尔·安东以书面形式详细抨击了欧洲的政治状况。大不列颠王国、荷兰与俄罗斯帝国和萨克森关系密切，是奥地利大公国的天然盟友。而奥斯曼帝国、法兰西王国和普鲁士王国则是奥地利大公国的死敌。但根据以往经验来看，奥地利大公国从盟友那里得到的援助比预期的少很多。大不列颠王国与荷兰的目的与奥地利大公国的目的不同。奥地利大公国也无法依赖俄罗斯帝国。萨克森则毫不掩饰自己目前无法参战的事实。在对手当中，奥斯曼帝国可能是永久性的危险。奥地利大公国持续关注着奥斯曼帝国的动态，但无法找到应对它的万全之策。玛丽亚·特蕾莎年轻且缺乏经验，于是，法兰西王国趁机利用了玛丽亚·特蕾莎的弱点。安德烈·埃居尔·德·弗勒里主教做事两面派。奥地利王室的新对手在德意志取得了成功。种种事迹都表明法兰西王国是最危险的对手。然而，到目前为止，奥地利大公国最大的对手是普鲁士王国国王腓特烈大帝时刻谋划着征服西里西亚并制定相应政策来确保自己对西里西亚

普鲁士王国国徽

的控制。普鲁士王国与奥地利大公国之间存在一场无法平息的战争。奥地利大公国之后的一切对外政策不仅要对普鲁士王国的敌意保持警惕,而且应逐渐降低对其敌意的恐惧,即让奥地利大公国民众能够毫无恐惧地看待普鲁士王国并收回失去的省份。为了实现此目的,结盟必不可少。大不列颠王国强烈支持普鲁士王国。因此,大不列颠王国是不会支持奥地利大公国的。奥地利大公国只有直接或间接地获取法兰西王国的帮助。考尼茨-里特贝格伯爵·文策尔·安东坚信只有利己主义才是政治的指导原则。考尼茨-里特贝格伯爵·文策尔·安东认为,在与法兰西王国建立友谊之前,奥地利大公国必须让法兰西王国知晓结盟带来的好处。考尼茨-里特贝格伯爵·文策尔·安东认为自己看到了一个机会,即可以在由帕尔马大公腓力控制的意大利公国或萨伏伊与低地国家之间进行交易,从而确保法兰西王国的利益。这样一来,路易十五希望女婿帕尔马大公腓力能够立即与法兰西王国建立联系的愿望将得到满足。即使奥地利大公国不能诱使路易十五公开协助攻击普鲁士王国,也可令其提供资金支持。而西班牙王国则成了波旁王朝的形式上的代表。只要法兰西王国对这次攻击给予支持,这一局面就即将促成。德意志一些小州十分贪婪,并且随时准备武装起来。在俄罗斯帝国的支持下,普法尔茨选帝侯卡尔·特奥多尔和萨克森选帝侯弗里德里希·奥古斯特二世将借此机会来发泄忌妒。在这种情况下,即使是汉诺威方面,也可能伸出援手。

考尼茨-里特贝格伯爵·文策尔·安东的论点似乎得到了肯定,在此基础上形成的方案成了奥地利大公国公认的政策基础。这种方案时而在前线发挥重要作用,时而随情况变化被抛之脑后。考尼茨-里特贝格伯爵·文策尔·安东也建议不要浪费时间。法兰西王国官廷目前的情况不容乐观。法兰西政府软弱、战争苦难深重、资源匮乏,以及从德累斯顿和平时期开始对腓特烈大帝的不信任,似乎为奥地利大公国提供了一次千载难逢的机会。但神圣罗马帝国皇帝弗朗茨一世与玛丽亚·特蕾莎都坚持认为有必要维持旧联盟,因而阻止了一切可以直接或明确改变联盟的行动。然而,奥地利大公国实行的全部外交政策都是为了暗中破坏法兰西王国和普鲁士王国之间的友谊。从此时起,玛丽亚·特蕾莎和大臣们参与了一场反对腓特烈大帝的秘密阴谋。奥地利大公国深知此次行动的困难。过早表态会导致奥地利大公国的谋划满盘皆输,即奥地利大公国一方面失去与法兰西王国联系的机会,另一方面会被海上强国抛弃。实际上,在不确定行动是否成功的情况下,奥地利大公国有必要继续维系现有的联盟关系。因此,在1750年10月,大不列颠王国加入了奥地利大公国与俄罗斯帝国于1746年签订的条约,但没有签署那些对腓特烈大帝最具威胁的单独条款。因为未来的神圣罗马帝国皇帝与大不列颠王国利益相关——实际上是在大不列颠王国宫廷的建议下,大不列颠王国才支持玛丽亚·特蕾莎的长子约瑟夫大公当选神圣罗马帝国

查尔斯·汉伯里·威廉姆斯

皇帝。而法兰西王国则和普鲁士王国一起阻碍了此事的进展。到目前为止,还没有任何迹象表明这两种合作关系有破裂迹象。虽然玛丽亚·特蕾莎已经对盟友感到不满和愤怒,但维持联盟的必要性依然存在。大不列颠王国大臣们不断地发表讲话,有时言语十分专横。1753年,大不列颠王国派查尔斯·汉伯里·威廉姆斯前往维也纳。他有些莽撞,心直口快,并且坚持认为玛丽亚·特蕾莎应该满足普鲁士王储不断增加的要求。玛丽亚·特蕾莎则认为大不列颠王国的行为完全是为了自身利益,而且为了自身利益,大不列颠王国毫无顾忌地要玛丽亚·特蕾莎做出一些不可能的让步。

奥地利大公国一方面与大不列颠王国维系着表面的友好,一方面在巴黎默默实施着另一项更加重要的计划。在艾克斯拉沙佩勒和平会议之后,奥地利大公国与法兰西王国恢复了外交关系。法兰西王国大使在维也纳受到了友好接待,但奥地利大公国大使没有在巴黎得到同样的接待。奥地利大公国国务大臣马雷沙尔在巴黎显然不受欢迎。奥地利大公国决定启用另一位大使前往巴黎。虽然那些年长的大臣们妒忌、轻视考尼茨–里特贝格伯爵·文策尔·安东,但玛丽亚·特蕾莎对考尼茨–里特贝格伯爵·文策尔·安东寄予了充分的信任,并且决定让他对其计划进行第一次尝试。1750年,考尼茨–里特贝格伯爵·文策尔·安东担任奥地利大公国驻巴黎大使。之后,考尼茨–里特贝格伯爵·文策尔·安东的信和报告只表明他在一些小问题上取得了成功,譬如受到了友好接待,以及作为一个受人尊敬的伙伴逐渐进入巴黎的上流社会,并且偶尔为路易十五或法兰西王国大臣服务。有点奇怪的是,考尼茨–里特贝格伯爵·文策尔·安东在巴黎居住两年后正式进入巴黎社交圈,并且和蓬帕杜尔夫人建立了友好往来的关

蓬帕杜尔夫人

系。当考尼茨-里特贝格伯爵·文策尔·安东敦促路易十五撤回对约瑟夫大公当选的反对意见时，路易十五没有做出答复，因为路易十五并没有完全放弃与普鲁士王国国王腓特烈大帝的密切联系。抛开自己的政治热情，考尼茨-里特贝格伯爵·文策尔·安东能够理解法兰西王国的立场，他认为是利己主义在支配政策。因此，法兰西王国选择了最有利的路并继续走这条路。事实上，考尼茨-里特贝格伯爵·文策尔·安东似乎已经逐渐相信自己的真正目的与达到这一目标的手段都符合玛丽亚·特蕾莎的期待，但从目前来看，这些策略是完全不可能实现的。大使馆关闭之前，考尼茨-里特贝格伯爵·文策尔·安东严肃地建议恢复旧联盟，同时建议奥地利大公国继续加强与海上强国之间的联系。考尼茨-里特贝格伯爵·文策尔·安东甚至想过奥地利大公国与普鲁士王国建立友谊的可能性。他写道："在这种情况下，奥地利大公国首先要确保自身安全。因此，除了完全忘记西里西亚的损失，奥地利大公国还要抑制普鲁士王国国王的嫉妒心，从而使奥地利大公国和海上强国结成联盟。"这种想法并非毫无根据。腓特烈大帝与路易十五结盟是迫于环境压力。事实证明，这种结盟并不十分有利，而且大大妨碍了腓特烈大帝的独立性。此次结盟的持久性也不确定。腓特烈大帝在晚期战争中两次背弃同盟。腓特烈大帝的背弃带给法兰西王国很大痛苦。这种痛苦为法兰西王国埋下了复仇的种子，而且，腓特烈大帝的主要精力都花在了征服西里西亚上。腓特烈大帝与奥地利大公国建立友谊有两个条件，一是确保普鲁士王国的安全与独立，二是确保普鲁士王国完全占有经过征服得来的领土。

玛丽亚·特蕾莎在任何情况下都不会采纳腓特烈大帝的提议。后来发生的一件事使腓特烈大帝的提议失去了意义，同时促进了奥地利大公国与波旁王朝的友谊。西班牙宫廷未经请求就向奥地利大公国提出了签订一项防御性条约的提议。奥地利大公国欣然接受了这个提议。与此同时，西班牙宫廷还提出了西班牙和奥地利大公国两个宫廷之间双重联姻的建议。西班牙宫廷的意思是在阿兰胡埃斯缔结的条约仅限于保障各国在意大利的利益。然而，条约还保证签约方在任何情况下都可以免受攻击。虽然奥地利大公国与波旁王朝其中一支建立了友好关系，但这种关系对法兰西王国也产生了有利影响。

18世纪中期的考尼茨－里特贝格伯爵·文策尔·安东

1753年元旦，考尼茨-里特贝格伯爵·文策尔·安东辞去了大使一职，获得了更高职位。考尼茨-里特贝格伯爵·文策尔·安东在巴黎的工作绝不像看上去那样毫无结果，至少，他成功地讨好了路易十五和大臣们。此外，考尼茨-里特贝格伯爵·文策尔·安东成了蓬帕杜尔夫人的家中常客。很难说这与计划有多大关系。考尼茨-里特贝格伯爵·文策尔·安东似乎还没有试图影响蓬帕杜尔夫人，然而，他完全认识到了蓬帕杜尔夫人的价值。考尼茨-里特贝格伯爵·文策尔·安东写道："我不知道这是怎么发生的。但不管怎样，法兰西王国国王路易十五和蓬帕杜尔夫人及其圈子与我关系密切，这是事实。毫无疑问，这一切都与真正的业务无关。但同时这种个人情感不仅是不会有害处的，而且有时可能是最重要的。"

回国之后，考尼茨-里特贝格伯爵·文策尔·安东可选择的职位都属于国家首相级别。玛丽亚·特蕾莎已经逐渐认识到现在担任国家首相的乌尔费尔德能力不足，但她对为自己效劳的大臣十分仁慈，因而一直没有辞退乌尔费尔德，也一直在找既能辞退乌尔费尔德，又能使乌尔费尔德本人感到光荣和满意的机会。约瑟夫·洛塔尔·柯尼希斯埃格－罗滕费尔斯陆军元帅去世后，王室事务长的职位暂时空缺。玛丽亚·特蕾莎决定让乌尔费尔德担任，同时召考尼茨－里特贝格伯爵·文策尔·安东返回维也纳担任国家首相。考尼茨－里特贝格伯爵·文策尔·安东接受这个提议时也遇到了许多困难，他的健康状况不仅很糟糕，而且每况愈下，因而他担心自己无法胜任。然而，考尼茨－里特贝格伯爵·文策尔·安东最终同意担任首相。虽然名义上他只是暂时负责外交事务，但奥地利大公国政府公开宣布了考尼茨－里特贝格伯爵·文策尔·安东担任国家首相的安排，目的是在政府内部进行改革，以便为奥地利大公国的对外政

约瑟夫·洛塔尔·柯尼希斯埃格－罗滕费尔斯

策注入新活力。考尼茨-里特贝格伯爵·文策尔·安东和玛丽亚·特蕾莎认为这次任命是长期的。玛丽亚·特蕾莎不仅十分重视考尼茨-里特贝格伯爵·文策尔·安东的能力,而且发现他的政治观点与自己的不谋而合,所以玛丽亚·特蕾莎不允许考尼茨-里特贝格伯爵·文策尔·安东退出。无论如何,1753年年初,考尼茨-里特贝格伯爵·文策尔·安东开始担任首相,并且在之后将近四十年的时间里一直担任这一职务。

考尼茨-里特贝格伯爵·文策尔·安东希望在平衡法院立即执行改革措施。此事意义重大,因为这意味着将巴滕施泰因从考尼茨-里特贝格伯爵·文策尔·安东的参事职位上撤下来。对玛丽亚·特蕾莎来说,撤掉乌尔费尔德相对容易,即使从表面上看,玛丽亚·特蕾莎付出了很大的代价。玛丽亚·特蕾莎对老仆人总是非常慷慨大方。也许是为了摆脱乌尔费尔德的一再指责,玛丽亚·特蕾莎给了他四万五千荷兰盾和一幢房子,此外还支付了十六万荷兰盾的个人补偿。但玛丽亚·特蕾莎想撤掉巴滕施泰因的就是另一回事了。在早年生活中,玛丽亚·特蕾莎就十分感谢巴滕施泰因的忠告和帮助。巴滕施泰因的建议也许并不总是好的,但多年来,他尽心尽力地为奥地利大公国服务,所以所有奥地利大公国与外国宫廷的通信都是通过巴滕施泰因转交的。巴滕施泰因记忆力强,思维活跃,表达能力好,因而充分掌握了外交权力。而这对常任秘书来说并非易事。表面上看,外交全部掌握在首相及其同僚手中。事实上,外交部的很多工作已经移交给了巴滕施泰因。因为考尼茨-里特贝格伯爵·文策尔·安东不仅打算将奥地利大公国的政策掌握在自己手中,而且打算完全改变奥地利大公国的政策方向,所以考尼茨-里特贝格伯爵·文策尔·安东不可能同意让这样一个强大的对手继续留任。巴滕施泰因的行事方式与考尼茨-里特贝格伯爵·文策尔·安东不同。虽然考尼茨-里特贝格伯爵·文策尔·安东经常言语尖刻,但他目前希望与外国宫廷保持良好关系。考尼茨-里特贝格伯爵·文策尔·安东一次又一次地觉得自己有责任对巴滕施泰因报告中的语言提出抗议。考尼茨-里特贝格伯爵·文策尔·安东为人开明,其政治观点不带偏见,他不喜欢将一切反对奥地利大公国意见的行为都视为犯罪。因此,考尼茨-里特贝格伯爵·文策尔·安东觉得有必要让巴滕施泰因离开。但玛丽亚·特蕾莎打破了贵族礼仪的严格限制，为巴滕施泰因在秘密会议中找到一席之地，表现出对巴滕施泰因的重视。在此之前，秘密会议只对最高贵族开放。

虽然新首相考尼茨-里特贝格伯爵·文策尔·安东暗自希望解除普鲁士王国和法兰西王国之间的条约，重新夺回失去的省份，但他在巴黎的失败迫使他相信，采取这种行动的时机尚未到来。因此，考尼茨-里特贝格伯爵·文策尔·安东采取了一种普遍友好的态度。从表面上看，他在努力维持和平，但这种态度并没有维持多久。法兰西王国和大不列颠王国之间出现的殖民战争威胁着整个欧洲大陆，而考尼茨-里特贝格伯爵·文策尔·安东还没有为此危机做好准备。奥地利大公国参战在所难免。奥地利大公国和荷兰是大不列颠王国和法兰西王国之间征战的惯用战场。如果战争不可避免，那么奥地利大公国除了加强旧的联盟制度，似乎别无选择。因此，奥地利大公国只能像过去一样与大不列颠王国并肩作战。同样可以肯定的是，大不列颠王国也会感受到维系旧联盟的必要性，甚至感受可能更强烈，因为如果没有大陆上的盟友，大不列颠王国就不可能采取行动。然而，虽然大不列颠王国与奥地利大公国都在努力维持友好关系，但双方都有很多不满。痛苦的争吵威胁、屈辱的服从、不情愿的帮助、尖酸刻薄的言辞和愤怒的急件、最近因《阿兰胡埃斯条约》①而增加的猜忌，以及关于《屏障条约》的无休止的争吵都是双方建立真诚友谊的障碍。此外，从大不列颠王国和奥地利大公国看待联盟的角度来看，两个宫廷之间还有一个根本的区别。在大不列颠王国，人们习惯性地认为奥地利大公国应该对大不列颠王国怀有深深的感激之情，因为大不列颠王国在战争后期拯救了奥地利大公国，但奥地利大公国没有很好地回报这种援助。在维也纳，人们清楚地知道大不列颠王国打着友谊的幌子追求自己的利益，而这样的"牺牲"实际上只会使大不列颠王国势力不断壮大。两个国家都觉得对方自私自利。

缔结和平条约之后，大不列颠王国与奥地利大公国之间的不信任感主要是

---

① 1752年6月14日，奥地利大公国、西班牙王国和撒丁王国签订了《阿兰胡埃斯条约》。根据该条约，所有签约国恢复关系正常化。此外，各方都同意承认各自在意大利的利益。

源于《屏障条约》。正如最初设想的那样,继1713年《乌得勒支条约》之后,该条约规定了海上盟国将低地国家归还给奥地利大公国宫廷的条件。各省认为低地国家应该成为抵御法兰西王国前进的堡垒。但奥地利大公国只有在有必要时才会接受这些条件。虽然奥地利大公国的大部分主权得到承认,但屏障城镇仍由外国军队在各自指挥官的领导下驻守。而维护军队的责任由低地国家承担的规定则明显削弱了奥地利大公国的主权。更令人反感的是大不列颠王国的自私政策,该政策恢复了对各省的贸易限制。事实上,《屏障条约》的条款一部分遭到忽视,一部分又被严格执行着。《屏障条约》中限制各省商业独立的条款都得到了维护,但《屏障条约》并没有规定修复堡垒的责任。战争后期,守备部队在没有遭受打击的情况下接连撤退,而一些因法兰西王国入侵而被夷为平地的堡垒却仍然没有得到修复。

考尼茨-里特贝格伯爵·文策尔·安东目光敏锐。《艾克斯拉沙佩勒条约》签订之前,他曾在布鲁塞尔担任过全权代表。考尼茨-里特贝格伯爵·文策尔·安东因《屏障条约》的弊端备受打击。作为一位心怀臣民福祉的高尚统治者,玛丽亚·特蕾莎也需要采取一些措施来恢复繁荣。因此,玛丽亚·特蕾莎愤慨地拒绝支付欠款,因为她很清楚,这笔欠款不会用于修复堡垒。玛丽亚·特蕾莎曾试图通过保护性关税来提升人民的生产水平,这在当时得到了人们的认可。海上大国因商业利益遭到攻击而深受触动。一场长期争论就此开始。大不列颠王国抱怨奥地利大公国没有支付维修堡垒的补贴,同时保护性关税的设立破坏了低地国家的商业优势。但奥地利大公国方面则指出《屏障条约》完全忽视了军事责任,即造成驻军的撤退和城墙的毁坏,并且愤慨地驳斥了条约中奥地利大公国王室不完全拥有各省主权的假设。海上大国的立场和企图侵犯奥地利大公国主权的行为激起了玛丽亚·特蕾莎的强烈愤慨。当查尔斯·汉伯里·威廉姆斯爵士提出这一原则时,玛丽亚·特蕾莎勃然大怒。这种愤怒难以抑制,结果邻近房间里的人们都能清晰地听到玛丽亚·特蕾莎的声音。

大不列颠王国与奥地利大公国的关系因纷争变得恶劣。如今,两国都开始考虑重建友谊。于是,谈判自然就转向了《屏障条约》遗留的问题。荷兰问题是此次谈判最大的争议点。大不列颠王国方面声称，履行条约的最好办法是奥地利大公国立即支付欠款并取消令人不愉快的保护性关税。玛丽亚·特蕾莎虽然并未反驳，但她对履行条约有着不同看法，她认为维持条约必须确保最初目标的实现。为了保卫荷兰，玛丽亚·特蕾莎愿意支付拖欠的款项，但她希望这笔钱能用于修复堡垒，同时大不列颠王国和荷兰能大量增援各省军队。但玛丽亚·特蕾莎不允许本国臣民的贸易条件遭到破坏。因此，玛丽亚·特蕾莎坚持要求在年内缔结一项有利的商业条约，这足以说明玛丽亚·特蕾莎希望与大不列颠王国维系友谊关系，这也是她做出让步的原因。如果大不列颠王国愿意承担保卫荷兰的责任，那么玛丽亚·特蕾莎愿意进一步帮助大不列颠王国免遭法兰西王国攻击。

大不列颠王国大臣们并未做出友好答复。大不列颠王国表示它不承担任何额外费用，并且在一封既无威胁也无抱怨的信中要求奥地利大公国立即向低地国家增派一支两万五千人的部队。奥地利大公国是否会继续忍受盟友不友好的态度，以及忽视奥地利大公国利益的行为？难道奥地利大公国现在不应该努力改变政策吗？此时的玛丽亚·特蕾莎渴望实现和平。考虑到普鲁士王国的图谋，考尼茨-里特贝格伯爵·文策尔·安东认为这场战争不合时宜，因为他还没做好准备。

但奥地利大公国必须给大不列颠王国一个答复。1755年6月12日，奥地利大公国举行了一次会议，主要从两方面探讨该问题的解决办法。玛丽亚·特蕾莎出席了该会议。很明显，奥地利大公国不想进行这场战争。奥地利大公国的行为也不能取决于地球另一边的争端①。但事实是，法兰西王国军队已经准备好立即向荷兰进军。如果法兰西王国越过边界，那么战争便真正开始了。如果法兰西王国知道奥地利大公国的一支两万五千人的军队将增援大不列颠王国，那么法兰西王国一定会加速进军荷兰。如果真是这样，那么奥地利大公国援军还没有到，法兰西王国便已攻陷了低地国家。与此同时，腓特烈大帝也将找到攻击机会，从而将失去了世袭领土的军队视为自己现成的猎物。有人认为如果战争不可避免，

---

① 指大不列颠王国和法兰西王国在殖民地的争端。

那么法兰西王国接受与否将无关紧要。虽然世界另一端的海洋大国仍忙于自己的利益，无法为奥地利大公国提供更多帮助，但它仍然是奥地利大公国的盟友。而奥地利大公国也无法独善其身。此外，固有纽带很难打破。抛开大不列颠王国与奥地利大公国生死与共、一亡俱亡不谈，抛弃一位老朋友的做法也对国家名声不利。

考尼茨-里特贝格伯爵·文策尔·安东听取了这些论点，并且提出了一项折中方案，即奥地利大公国派遣一支一万人的军队，大不列颠王国也派遣出一支一万人的军队。然而，做出该决定时，考尼茨-里特贝格伯爵·文策尔·安东认为奥地利大公国不能以沉默来回应大不列颠王国在信中表现出来的威胁与伤害。考尼茨-里特贝格伯爵·文策尔·安东在信中畅快地表达了自己的感情，同时表示大不列颠王国一直将荷兰当作自己的财产。四十多年来，正义的声音一直受到压制，所以大不列颠王国才不断从贫困省份中攫取利益。现在，大不列颠王国已经习惯将各省份视为己有。然而，一旦有危险出现，大不列颠王国便大声向玛丽亚·特蕾莎求救。玛丽亚·特蕾莎尽到了自己的职责，提出了将国防完全交由大不列颠王国和荷兰管理的方案，并且已经将军队交给各省支配。但奥地利大公国的盟友做了什么呢？荷兰从边境城镇撤出了军队，甚至还在考虑保持中立。大不列颠王国只将注意力放在几个补贴条约上，却将所有战争的负担都加给了奥地利大公国。玛丽亚·特蕾莎决定拒绝这种自私的政策。然而，为了维系与大不列颠王国的友谊，玛丽亚·特蕾莎还是准备派出一支一万人的军队，这是她能接受的全部条件，她无法再做出其他任何让步。

考尼茨-里特贝格伯爵·文策尔·安东在信中表达了自己的真情实感，这不免让人觉得奥地利大公国与大不列颠王国的关系即将决裂。然而，情况似乎并非如此。考尼茨-里特贝格伯爵·文策尔·安东给玛丽亚·特蕾莎写了一份备忘录，表示自己写的信是一块"试金石"，可以用它证明大不列颠王国的真正意图。考尼茨-里特贝格伯爵·文策尔·安东表示奥地利大公国仍然希望与大不列颠王国维系友谊，而这封信只会带来好处，奥地利大公国必须表明自己的立场。如果他的话能够触动了大不列颠王国的良知，大不列颠王国将更积极地为联盟而战。

18 世纪中期的玛丽亚·特蕾莎

如果他的话激怒了大不列颠王国，大不列颠王国要么与法兰西王国讲和，战争就此结束，要么将怒气转向普鲁士王国。而腓特烈大帝很可能拒绝大不列颠王国的提议，那么大不列颠王国将很乐意与奥地利大公国维系友谊。

奥地利大公国一直期待腓特烈大帝与法兰西王国断交，但该事不能借助外力，必须自行解决。因此，奥地利大公国的行动在当时完全取决于大不列颠王国官廷采取的方针。这封信从另一个层面揭露了欧洲各国关系不稳定的直接原因。大不列颠王国外交部的答复忽略了大臣的抱怨，从外交立场提出了一些带有威胁性的问题，同时假设了现有关系的持久性。大不列颠王国要求玛丽亚·特蕾莎说明奥地利大公国将为汉诺威王朝提供什么帮助,以及将为军队提供多少费用。奥地利大公国的信似乎不太具有威胁性,因而有人认为一旦大不列颠王国得不到满意的答复,将立即同普鲁士王国签订中立条约。更讽刺的是,有人认为这种条约将使玛丽亚·特蕾莎自由地调动所有的军队来对抗共同的对手——法兰西王国。事态发展尚不明朗时,奥地利大公国宫廷认为应该保持中立。然而,当法兰西王国真正入侵荷兰时,这种想法就被否定了。而考尼茨-里特贝格伯爵·文策尔·安东被搁置许久的计划再次彰显其价值。事实证明,和平时期难以实现的目标在战争中迎来了机会,法兰西王国似乎不再有什么顾忌与奥地利大公国建立友谊,从而减少了奥地利大公国的对手。法兰西王国与奥地利大公国和平相处,不再需要普鲁士王国的援助来创造有利条件。旧联盟的作用就这样消失了。旧联盟本身很可能也会消失。没有大陆盟友支持的腓特烈大帝将无法采取任何敌对行为。

考尼茨-里特贝格伯爵·文策尔·安东认为自身利益至高无上,他十分谨慎地对奥地利大公国驻巴黎大使的继任者施塔尔亨贝格公爵格奥尔格·亚当做了说明,并且强调了联盟将给法兰西王国带来的好处。首先,路易十五为女婿帕尔马大公腓力寻找安身之所的愿望可能在荷兰得以实现;其次,争夺波兰王位的法兰西王国王储孔蒂亲王路易·弗朗索瓦可能会得到支持;最后,包括法兰西王国、西班牙、那不勒斯、俄罗斯帝国和奥地利大公国在内的强大联盟可能将宣布成立。为了证明玛丽亚·特蕾莎的诚意,尼乌波特和奥斯坦德可能会在战争期间落入法兰西王国手中。而法兰西王国的盟友——瑞典、萨克森和巴拉丁则可能会成为普鲁士王国的战利品。而法兰西王国想要的只是大不列颠王国放弃与普鲁士王国国王腓特烈大帝的同盟关系,同时获得一些补贴。因为普鲁士王国国王腓特烈大帝经常欺骗法兰西王国。如果能诱使俄罗斯帝国采取行动,德意志较小的州也一定会积极合作,从而成为进攻普鲁士王国的积极行动者。如果不出意外,法兰西王国将收获比打胜仗更丰厚的成果。除了这些论点,施塔尔亨贝格公爵格奥尔格·亚当还得到授权,可以向法兰西王国国王路易十五的代表传达一份简要信息。还有些奇怪的说法认为玛丽亚·特蕾莎应该相信大不列颠王国正试图通过新教的干预来接近普鲁士王国国王腓特烈大帝，损害天主教的利益，以及波旁王朝和奥地利大公国。玛丽亚·特蕾莎因大臣们只顾本国利益的计划而良心不安，有所退缩，她试图将自己的行为建立在崇高的宗教基础上，以此来减轻自己的内疚。这个计划显然是针对普鲁士王国的阴谋。法兰西王国只要得到资金就可以维系与俄罗斯帝国的友谊，而俄罗斯帝国与那些饥饿小国建立友谊只是为了笼络人心。

考尼茨-里特贝格伯爵·文策尔·安东为了使自己在巴黎大使馆里显得和蔼可亲花了很多心思，并且取得了成果。考尼茨-里特贝格伯爵·文策尔·安东对蓬帕杜尔夫人十分殷勤，这让他有信心直接与路易十五对话。路易十五热衷外交，期望从更高层次的政治活动中获得乐趣，并且希望没有所谓大臣们的干涉，这是路易十五在政治上的弱点。因此，考尼茨-里特贝格伯爵·文策尔·安东通过蓬帕杜尔夫人如此有利的渠道接近路易十五，很有可能会受到关注。收到指示两天后，施塔尔亨贝格公爵格奥尔格·亚当拿着奥地利大公国首相的一封信来到蓬帕杜尔夫人面前，希望可以与能够安全传达重要事务的人面谈。此人正是蓬帕杜尔夫人最欣赏的贝尼斯神父。在蓬帕杜尔夫人官邸的公园里、拉比奥尔的乡间小屋里，贝尼斯神父接收到了奥地利大公国的重要信息。虽然该计划是秘密开始执行的，但不久以后，大臣们当中还是有人知道了这个秘密。

第一步已经迈出了。路易十五同意考虑奥地利大公国宫廷的建议。但谈判进展非常缓慢。路易十五仍然不愿与老盟友腓特烈大帝断绝关系。事实上，法兰西王国正热切地想要续签与普鲁士王国的联盟条约。这项条约将延续到1756年3月。奥地利大公国与法兰西王国在拉比奥尔讨论了各种项目。法兰西王国确定了与奥地利大公国签订条约的意愿。但与中立条约相比，确定签约意向并没有实质好处，最多也只是一个防御联盟。1756年1月，大不列颠王国和普鲁士王国在威斯敏斯特签署了一项大不列颠-普鲁士联盟条约，从而彻底打破了各方犹豫不决的局面。

腓特烈大帝一直在密切关注事态的发展，他对现有关系漠不关心，充分展现了自己的政治家风度。腓特烈大帝决心选择对自己最有利的道路，他对盟友法兰西王国高高在上的姿态感到愤怒。法兰西王国对腓特烈大帝的态度有点像大不列颠王国对待奥地利大公国的态度。腓特烈大帝觉得法兰西王国似乎认为"普鲁士王国国王对于法兰西王国来讲就像瓦拉几亚的统治者对于奥斯曼帝国宫廷一样。普鲁士王国就是一个地位低下的王子,一接到命令就必须发动战争"。腓特烈大帝在德意志的统治地位使其掌握了汉诺威的命运。因此,大不列颠王国驻柏林大臣霍尔德内斯公爵罗伯特·达西找到了腓特烈大帝,表示大不列颠王国希望得到腓特烈大帝的积极帮助。腓特烈大帝要求大不列颠王国先满足自己的要求,即加入保卫德意志和平的行列。腓特烈大帝对奥地利大公国宫廷的阴谋了如指掌,于是他延长了同法兰西王国的条约期限。如果法兰西王国参加

霍尔德内斯公爵罗伯特·达西

纳韦尔公爵路易·朱尔斯·巴尔邦·曼西尼-马萨林

对汉诺威的进攻,那么奥地利大公国、俄罗斯帝国和大不列颠王国三国将一起攻击法兰西王国。腓特烈大帝加入了大不列颠王国的阵营,因为他确信俄罗斯帝国会选择对自己最有利的盟友,他希望自己能够迫使玛丽亚·特蕾莎维护和平。因此,腓特烈大帝接受了霍尔德内斯公爵罗伯特·达西的主张,并且签署了确保德意志中立的条约。然而,目前的战争中心——荷兰却不被包含在内。

该条约是在纳韦尔公爵路易·朱尔斯·巴尔邦·曼西尼-马萨林的眼皮底下签订的。纳韦尔公爵路易·朱尔斯·巴尔邦·曼西尼-马萨林正试图延长法兰西王国与普鲁士王国的条约。法兰西王国一方面外交受挫,一方面又受到了普鲁士王国独立宣言的刺激。因此,法兰西王国大臣们立刻转变了对奥地利大公国的态度。施塔尔亨贝格公爵格奥尔格·亚当不需要再提建议了,因为奥地利大公国可以自由提出建议了。大约在1756年2月中旬,传言说路易十五准备与奥地利大公国进行协商。为了欧洲和天主教的利益，路易十五将与奥地利大公国建立友好关系。然而，条约是按照考尼茨-里特贝格伯爵·文策尔·安东的第一个计划，还是按照法兰西王国宫廷提出的中立计划来签订仍有待确定。但有一点毫无疑问，即无论条约采取何种标准，条约内容都将满足双方的意愿。该问题的解决还取决于考尼茨-里特贝格伯爵·文策尔·安东，因为他是维也纳内阁的实际决策者，他将决定采取何种形式。如果考尼茨-里特贝格伯爵·文策尔·安东不能证明自己计划的可行性，那么他只能接受法兰西王国外交部的建议。考尼茨-里特贝格伯爵·文策尔·安东首先强调了法兰西王国在新中立条约中获得的优势，即通往汉诺威的道路现已关闭，大不列颠王国已经没有入侵法兰西王国的可能。然而，如果法兰西王国拒绝奥地利大公国提供的有利条件，那么法兰西王国将可能多了一个对手。

  法兰西王国不再拒绝与奥地利大公国建立友谊。在保证互惠原则的前提下，法兰西王国谈判代表开始讨论摆在他们面前的各项主张。法兰西王国谈判代表在一些无关紧要的问题上没有提出任何异议，例如交换对帕尔马大公腓力有利的意见，或者奥地利大公国在下一届波兰王位空缺时的所作所为。但在谈论到奥地利大公国十分重视的中心问题时，外交斗争就愈演愈烈了。谈判双方的立场基本一致。双方都准备抛弃一个旧盟友，而旧盟友只能听任新朋友的摆布。双方也都感到有些愧疚，因为他们要亲手去毁灭曾经亲密的朋友。虽然奥地利大公国没有给予法兰西王国任何回报，但施塔尔亨贝格公爵格奥尔格·亚当还是试图诱使法兰西王国谈判代表看到联合进攻普鲁士王国的好处。施塔尔亨贝格公爵格奥尔格·亚当强调，联盟的目标是废除《威斯敏斯特条约》，而确保此事成功的最佳方式是对普鲁士王国发动全面进攻。只有得到瑞典、萨克森和普法尔茨等与普鲁士王国关系紧密的王国、选侯国的合作，这种尝试才能取得成功。而为了确保法兰西王国的合作，被征服国家的一部分领土将作为好处给予法兰西王国。法兰西王国仍旧珍视自己残存的声誉，不愿参与攻击老盟友的阴谋。但法兰西王国表示，如果奥地利大公国向大不列颠王国宣战，那么法兰西王国也将以同样的方式向普鲁士王国宣战。

法兰西王国与奥地利大公国互相不信任，两国最后能达成一致意见实属不易。但奥地利大公国最终同意了法兰西王国的建议，同时承诺互惠互利。也就是说，如果法兰西王国对普鲁士王国采取进攻措施，那么奥地利大公国也将同意对大不列颠王国采取相应措施。然而，直到西里西亚和加拉茨重归奥地利大公国所有，法兰西王国与奥地利大公国之间才形成了紧密联盟。在实现这一目标之前，还有许多工作要做，譬如呼吁其他国家提供援助，贿赂或说服俄罗斯帝国。法兰西王国军队占领了汉诺威。信奉新教的大公们不由得开始害怕起来。同时，补贴也有一定的提高。很明显，计划中的有效措施要到1757年晚春时才能得到执行。与此同时，两国可能同时签订中立条约和防御联盟条约。

法兰西王国外交部对即将到来的制度改革存在着不同意见。此次改革主要由贝尼斯神父和外交大臣安东尼·路易·鲁耶安排、负责，但蓬帕杜尔夫人在其中发挥了巨大作用。安东尼·路易·鲁耶也对此心怀疑虑，因为只有路易十五亲自干预，才能推翻达让松侯爵勒内·路易·德·瓦耶·德·波尔姆的反对意见。然而，在1756年4月19日举行的外交部会议上，没有人对此公开反对。于是，奥地利大公国的建议被法兰西王国外交部采纳。根据该建议，两国应立即签订一项防御联盟条约和一项中立条约。但这只是初步步骤。更重要也更具有进攻性的条约将立即付诸实施。该条约在某种程度上代表了奥地利大公国的所有主张。1756年5月1日，在安东尼·路易·鲁耶家中，双方代表实际上已经签署了《凡尔赛条约》。

这一条约，更确切地说应该是这两项条约具有防御性，因为条约具有双重性质。第一项条约是中立条约。奥地利大公国承诺不直接或间接参加目前的战争。法兰西王国则承诺放弃任何让其他国家卷入战争的企图，也不会以任何借口入侵荷兰。第二项条约形成了奥地利大公国与法兰西王国之间的防御联盟。两国君主承诺共同保卫他们在欧洲的领土，并且承诺一旦一方遭遇袭击，另一方将派出两万四千名士兵帮助盟友。但目前的战争不受条约保护。接着，两国签署了一些秘密文件。其中一份文件规定，除特殊情况外，当法兰西王国的任何一个省遭到除大不列颠王国以外的任何国家攻击时，奥地利大公国应作为同盟国

为纪念签订《凡尔赛条约》铸造的银币

向法兰西王国提供承诺的军队。该条款同样适用于法兰西王国。因为除了普鲁士王国，没有任何国家会攻击奥地利大公国，所以该条款实际上意味着，如果腓特烈大帝对奥地利大公国有任何敌对行动，那么法兰西王国将需要提供军队来协助奥地利大公国。第二项条款对加入该条约的国家进行了规定。能加入该条约的成员仅限于波旁王朝的王储统治的国家，以及缔约各方共同同意的国家。

　　《凡尔赛条约》签署后，法兰西王国立即致信奥地利大公国大使，清楚地解释了目前安排的临时性。信中写道："为了保持两国之间的友谊，两国必须马上达成初步谅解，以形成真正的秘密条约基础。具有防御性的《凡尔赛条约》避开了眼前的危险。即将签订的条约将面向未来。"虽然进攻联盟的形成时间比预计晚了一年，但考尼茨-里特贝格伯爵·文策尔·安东的目的还是达到了。

　　外交问题难免错综复杂，涉及范围广泛的复杂外交问题更会掩盖真实的历史事实。所有外交问题都是围绕结盟而展开的。大不列颠王国和法兰西王国在欧洲占主导地位，但问题的关键是欧洲的霸主地位应该花落谁家。英法之间的矛盾没必要牵连其他欧洲国家。神圣罗马帝国十分希望将外国势力排除在帝国之外。普鲁士王国国王腓特烈大帝也不止一次地表示不赞成外国势力的入侵。但签署条约的各国之间关系紧密，可以称之为一个系统。欧洲分成了旗帜鲜明的两大阵营。一方打着法兰西王国旗号，另一方打着大不列颠王国旗号。各阵营内部国家之间的利益紧密联系在一起。因此，两大阵营之间的任何战争都可能成为欧洲大战。

发动战争除了有引发大战的危险，还有其他隐患。奥地利大公国和普鲁士王国之间积怨已久，冲突严重，一旦有机会，两国很难保持中立。占有低地国家是奥地利大公国的第一个进攻点，这似乎迫使奥地利大公国为了保卫本国领土成为大不列颠王国的盟友。同样，大不列颠王国国王占有汉诺威，又靠近普鲁士王国，这些情况似乎也迫使大不列颠王国参战。当时，各国都相信同盟关系的约束力。因此，大不列颠王国和法兰西王国毫无疑虑地依赖于奥地利大公国和普鲁士王国的支持。大不列颠王国和法兰西王国都自认为是联盟的首领，摆出一副高高在上的姿态。而事实证明，这种行为极不明智。

普鲁士王国国王腓特烈大帝不愿意成为"一个服从命令的人，一接到命令就必须战斗"。玛丽亚·特蕾莎及其首相考尼茨-里特贝格伯爵·文策尔·安东一直因大不列颠王国的傲慢感到苦恼。正如考尼茨-里特贝格伯爵·文策尔·安东宣称的那样，"玛丽亚·特蕾莎品德高尚，不会盲目地追随盟友自私的政策"。腓特烈大帝和玛丽亚·特蕾莎看似是这场争论的参与者，但他们与大不列颠王国和法兰西王国没有共同利益。因此，除了发生严重的私人争吵，两位君主自然会想确保自身在德意志的中立，从而使战争本土化。如果二人同意参加这场斗争，那么就能满足各自的利益。

但欧洲强国一开始似乎并未意识到这种情况。在考尼茨-里特贝格伯爵·文策尔·安东一开始与法兰西王国谈判时，法兰西王国便表示出与其建立友谊的热情，但前提是奥地利大公国和其他一些盟国要加入法兰西王国联盟，以阻止普鲁士王国的入侵。同样，大不列颠王国在接近普鲁士王国时也没有想过与奥地利大公国完全决裂。奥地利大公国宫廷认为《威斯敏斯特条约》的签订对联盟意义重大，因为该条约暂时平息了大不列颠王国大使基思的愤怒。基思为人十分理智。玛丽亚·特蕾莎违背大不列颠王国意愿的行为是正确的。玛丽亚·特蕾莎曾经没有能力保护距大不列颠王国较远的领土，结果被迫放弃格拉茨和西里西亚。这不仅助长了普鲁士王国的势力，也使普鲁士王国成了玛丽亚·特蕾莎永久的敌人。玛丽亚·特蕾莎的世袭省份因此受到了普鲁士王国和奥斯曼帝国宫廷的威胁。玛丽亚·特蕾莎的首要职责是保卫帝国中心。

如果玛丽亚·特蕾莎仅仅与法兰西王国签订中立条约，或者恪守她的宣言，即与法兰西王国做出任何和解都不会针对大不列颠王国，那么玛丽亚·特蕾莎的行为将无可指责。不幸的是，当时人们对结盟必要性的理解让玛丽亚·特蕾莎采取了更多行动。玛丽亚·特蕾莎违背了自己的意愿，也违背了自己的正义感，被迫对前盟友采取积极的敌对行动。从此，奥地利大公国开始执行难以逆转的政策。

第 6 章

联盟体系的演变

（1756—1757）

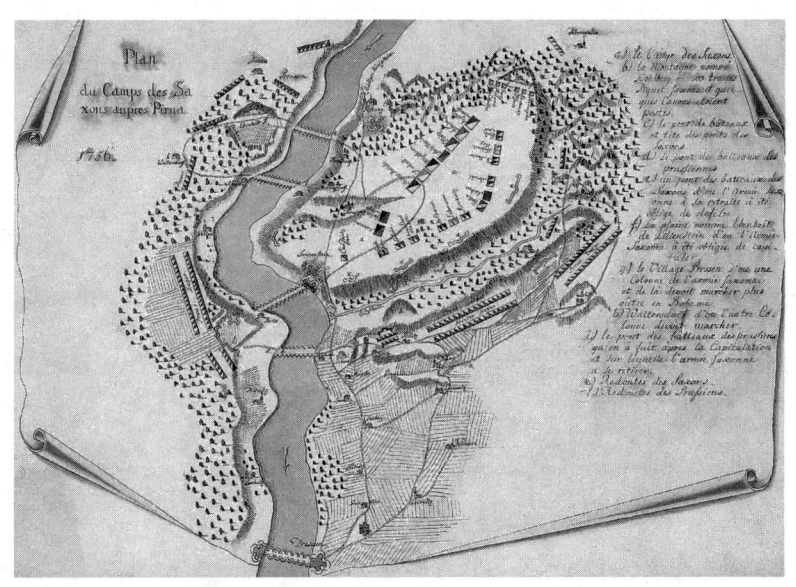

精彩看点

奥地利大公国与法兰西王国进行谈判——腓特烈大帝的备忘录——马克西米利安·尤利西斯·布朗元帅和皮科洛米尼将军会合——占领德累斯顿和萨克森——《圣彼得堡协定》——奥地利大公国面临外交考验——法兰西王国国王路易十五遇刺——联盟体系改变

事实上，将低地国家排除在《威斯敏斯特条约》之外是大不列颠王国对奥地利大公国采取的敌对措施，因为这样做不仅可以使大不列颠王国保护汉诺威领土不受攻击，还可以要求奥地利大公国参战。相比之下，《凡尔赛条约》所起的作用正好相反。在允许法兰西王国军队进入汉诺威的同时，《凡尔赛条约》还免除了奥地利大公国对低地国家的防卫责任。奥地利大公国的行动受到《凡尔赛条约》秘密条款的保护。一旦腓特烈大帝采取行动，《凡尔赛条约》就将发挥作用，而法兰西王国也将召集辅助军队参战。毋庸置疑，除了这一重要条约，考尼茨–里特贝格伯爵·文策尔·安东在外交上也取得了巨大的胜利。考尼茨–里特贝格伯爵·文策尔·安东没有向法兰西王国做出让步。在这种情况下，如果腓特烈大帝采取敌对行动，那么法兰西王国还会保证参与对普鲁士王国的进攻。虽然人们认为这只是达成更广泛条约的第一步，但这一步足以使奥地利大公国要求法兰西王国在实施侵略的同时进行合作。

双方立即开始就签订进攻条约展开谈判。为了法兰西王国的荣誉，法兰西王国外交大臣安东尼·路易·鲁耶极不情愿地参加了剥夺普鲁士王国任何世袭财产的计划。他们尽量将自己的义务限制在协助奥地利大公国恢复对西里西亚各省的统治的行动上。但在这一点上，考尼茨–里特贝格伯爵·文策尔·安东和玛丽亚·特蕾莎的态度十分坚决。于是，联合攻击普鲁士的决定暂时搁置了一段时间。最后，该问题没有再次讨论的必要，因为普鲁士王国国王腓特烈大帝的行动使已存在的防御条约具有了生效的可能性。

奥地利大公国宫廷的秘密遭到泄露。腓特烈大帝意识到，使俄罗斯帝国帮助他签订《威斯敏斯特条约》的希望落空了。大费周折后，大不列颠王国议会才接受了一项条约。该条约将根据旧的联盟制度给予俄罗斯帝国女沙皇伊丽莎白·彼得罗芙娜大量补贴，以促使其对普鲁士王国提供援助。为了迎合国民对腓特烈大帝的好感，大不列颠王国政府有义务对拟议的条约做某些修改，即俄罗斯帝国军队将得到补贴，但得到补贴的军队只能在低地国家或汉诺威的防御工事中服役。

该条约递交到了俄罗斯帝国，等待批准。俄罗斯帝国的阿列克谢·彼得罗维希·别斯图热夫·留明收受了大不列颠王国的贿赂，因而全力维护大不列颠王国的利益。但奥地利大公国大使仍在圣彼得堡奔波，最终成功激起了俄罗斯帝国

阿列克谢·彼得罗维希·别斯图热夫·留明

女沙皇伊丽莎白·彼得罗芙娜对普鲁士王国的仇恨，并且在俄罗斯帝国女沙皇伊丽莎白·彼得罗芙娜同意条约之前，诱导其坚持修改条约，这实际上改变了条约的全部意义。根据修订后的条约的规定，俄罗斯帝国受补贴军队既不在低地国家服役，也不在汉诺威防御工事中服役。换句话说，大不列颠王国曾经为了防范法兰西王国寻求的援助，如今只能用来防范普鲁士王国了。

《威斯敏斯特条约》签订时，该条约尚未被批准。这对俄罗斯帝国女沙皇伊丽莎白·彼得罗芙娜的影响显而易见，因为她发现自己的猎物被抢走了。奥地利大公国大使不需要再进行劝说了，因为俄罗斯女沙皇伊丽莎白·彼得罗芙娜希望马上开战。考尼茨-里特贝格伯爵·文策尔·安东现在不得不发挥出自己强大的辩论能力，一方面阻止俄罗斯女沙皇伊丽莎白·彼得罗芙娜，另一方面为自己的伟大计划留出时间。当时，俄罗斯女沙皇伊丽莎白·彼得罗芙娜对边境集结的大批军队倍感满意。

腓特烈大帝知晓了对手的全部计划，知道来年春天以前自己没有什么危险。于是，腓特烈大帝心里开始盘算是否应该预先阻止对手的进攻，同时将自己的军队驻扎在有利位置以便随时调遣。按照他的周密计划，奥地利大公国宫廷略带炫耀地将军队分散开来。但腓特烈大帝的举动令奥地利大公国十分不安。奥地利大公国深感有必要将军队集中起来。腓特烈大帝已经下了决心，并且立刻采取了措施。腓特烈大帝曾向法兰西王国驻维也纳大臣克林格拉夫直接询问战争有没有发生的可能。但这并不代表玛丽亚·特蕾莎或考尼茨-里特贝格伯爵·文策尔·安东会直接回答这个问题。听完克林格拉夫的询问后，玛丽亚·特蕾莎用几句话便将他打发走了。玛丽亚·特蕾莎说道："目前事态危急，我需要采取必要措施保障自己和盟友的安全。此外，我别无他意，我无意伤害任何人。"关于奥地利大公国1757年攻打普鲁士王国的谈判已经取得了很大进展。奥地利大公国与俄罗斯帝国的合作安排也已经完成。玛丽亚·特蕾莎的答复似乎与事实不符，但她只能对此事推诿搪塞。腓特烈大帝并不满意这一答复，指示特使再次询问玛丽亚·特蕾莎。腓特烈大帝表示，自己知道奥地利大公国准备下一年对普鲁士王国发动进攻，并且同俄罗斯帝国缔结了一项进攻性条约。目前，奥地利大公国因准备不足推迟了进攻，但只是推迟了，没有放弃。腓特烈大帝写道："我必须知道我们目前处于和平状态还是战争状态。但我不接受任何搪塞。如果玛丽亚·特蕾莎坚持这么回答，那么她要为此负责。"这次，腓特烈大帝以书面形式询问了这个问题，这也是腓特烈大帝信中的一部分。考尼茨－里特贝格伯爵·文策尔·安东在答复中强调了腓特烈大帝具有威胁性的战前准备，以及在最近的信中表现出的粗鲁。腓特烈大帝回答道："在沟通如此紧迫的问题时，我难免表现得过于愤怒。但玛丽亚·特蕾莎竟然表示她与俄罗斯帝国之间签订的攻击性条约及提出的联盟条件都是虚假捏造的，而针对普鲁士王国的条约则从未存在过？"就字面含义而言，这是事实，但只限于字面含义。在与俄罗斯帝国正式签订条约之前，玛丽亚·特蕾莎一直在等法兰西王国的答复，即法兰西王国将提供何种补贴。

玛丽亚·特蕾莎的做法值得同情与钦佩，她十分厌恶腓特烈大帝，并因此导致自己的品性受到影响，甚至有所变化。考尼茨－里特贝格伯爵·文策尔·安东是一位冷漠的政治家，做事毫无顾忌。他的政治信条完全以实现己方利益为出发点。对玛丽亚·特蕾莎来说，考尼茨－里特贝格伯爵·文策尔·安东不是最好的顾问。多年前，玛丽亚·特蕾莎曾拒绝做出让步，因为她召集了盟友一起维护不受侵犯的权利，让步将违背她的职责。而如今，玛丽亚·特蕾莎降低了自己的合作标准，即使知道这次合作是不折不扣的阴谋，她也加入了，甚至还学会了推诿搪塞。这不亚于开始说谎。玛丽亚·特蕾莎还试图为自己开脱，为自己的行为蒙上一层无用的宗教面纱。考尼茨－里特贝格伯爵·文策尔·安东曾表示，他在执行计划时遇到的最大麻烦就是说服玛丽亚·特蕾莎相信其计划的正确性。最后，玛丽亚·特蕾莎逐渐放弃了反对意见。之前，玛丽亚·特蕾莎认为对汉诺威的入侵就是对奥地利大公国权利的侵犯，她不允许此事发生。但在反对普鲁士王国的入侵时，玛丽亚·特蕾莎不再坚持这种想法。当盟友与对手建立友谊时，玛丽亚·特蕾莎不再坚持无论何时都不抛弃盟友的高尚行为。玛丽亚·特蕾莎曾有机会坦率地接受普鲁士王国加入联盟，以治愈德意志的弊病，但她轻蔑地拒绝了。玛丽亚·特蕾莎并不认为与对手签订中立条约有失自己的身份，她还向周围的人承认过这一点。玛丽亚·特蕾莎的目的就是使欧洲宫廷捉摸不透自己的意图,直到自己的秘密计划成熟,彻底将对手消灭。

　　1756年8月18日,腓特烈大帝的备忘录递交到了玛丽亚·特蕾莎手中。1756年8月25日,腓特烈大帝收到答复。1756年8月26日早上,腓特烈大帝命令军队开始行军。但普鲁士王国军队并没有进入波希米亚,而是进军萨克森,这令所有国家都感到吃惊。腓特烈大帝应该对此做法负责。萨克森与普鲁士王国一直和平相处,但因为始终对普鲁士王国感到不安,所以没有在1746年与普鲁士王国续签条约,这暗示了普鲁士王国的解体。然而,自《艾克斯拉沙佩勒条约》签订以来,萨克森却一直拒绝做出对腓特烈大帝不利的安排。因此,即使是那些认为腓特烈大帝有正当理由攻击奥地利大公国的人,也认为他突然攻击邻国的行为暴露了其贪婪的本性。对历史舞台上的人物做出道德批判毫无必要。也许现在说这些已经毫无意义,因为很多作者已经写了著作来判定玛丽亚·特蕾莎和腓特烈大帝在七年战争①第一阶段中的罪行。奥地利大公国与普鲁士王国素来处于敌对冲突状态,因此,两国将不可避免地在短期内爆发战争。无论爆发的时间是早还是晚,战争都会到来。双方统治者都没有按常理行事。但腓特烈大帝突然入侵萨克森是有充分理由的,那就是法兰西王国和奥地利大公国联合在一起密谋对付腓特烈大帝。法兰西王国和奥地利大公国虽然没有签署实际条约,但已经与俄罗斯帝国达成了合作。法兰西王国计划下一步肢解普鲁士王国,同时将领土赠予包括萨克森在内的法兰西王国盟友,以使其对破裂后的格局感到满意。虽然萨克森选帝侯弗里德里希·奥古斯特二世及其大臣们没有直接参加任何关于这一问题的会议,但圣彼得堡宫廷已向萨克森透露了行动计划。腓特烈大帝通过密探知晓了一切计划,并且得知法兰西王国和奥地利大公国对普鲁士王国的攻击推迟了一年。如果腓特烈大帝按兵不动,那么他就只能看着法兰西王国和奥地利大公国的阴谋得逞,那是一种愚蠢至极的行为。

　　奥地利大公国大臣们一直在考虑进军波希米亚的可能性,同时在埃格尔和

---

① 七年战争是一场全球性冲突,它涉及当时的每一个欧洲强国。这场冲突将欧洲分裂成两个联盟,一个以大不列颠王国为首,另一个以法兰西王国为首。

柯尼希格雷茨附近集结了大量军队。然而，腓特烈大帝采取的行军路线却令人吃惊。考尼茨-里特贝格伯爵·文策尔·安东在家中召开紧急会议，同时派马克西米利安·尤利西斯·布朗元帅和皮科洛米尼将军带领军队协助萨克森选帝侯弗里德里希·奥古斯特二世。两支大军经历了重重困难，特别是克服了匈牙利人数不足的问题，最终集结在了一起。匈牙利人总是号称忠诚，却又总是不情不愿地提供援助。为了获得匈牙利人的援助，奥地利大公国往往需要付出高昂的代价。匈牙利人过去常常抱怨奥地利大公国政府采用高关税限制了匈牙利产品的出口。现在，奥地利大公国满足了匈牙利人对军队和金钱的要求。就连王室贵族拉约什·包贾尼也要求玛丽亚·特蕾莎做出一些让步。玛丽亚·特蕾莎不得不屈服，因为奥地利大公国的援助主要依靠的就是一些贵族的忠诚。

　　腓特烈大帝进攻萨克森的行为令人吃惊，但更令人吃惊的是萨克森选帝侯弗里德里希·奥古斯特二世的行为。萨克森选帝侯弗里德里希·奥古斯特二世没有退回波希米亚与马克西米利安·尤利西斯·布朗元帅的军队会合，而是决定将大约一万八千名士兵驻扎到皮尔纳的营地，因为萨克森选帝侯弗里德里希·奥古

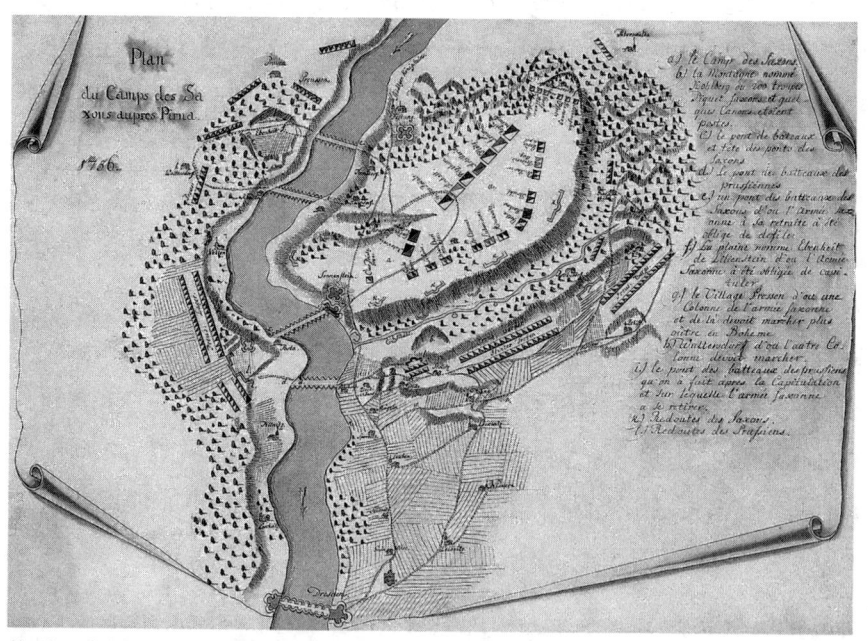

普军包围萨克森选帝侯弗里德里希·奥古斯特二世军队示意图

罗布西茨战场上的普鲁士掷弹兵

斯特二世认为皮尔纳营地坚不可破。很快,腓特烈大帝的军队便包围了萨克森选帝侯弗里德里希·奥古斯特二世的军队。马克西米利安·尤利西斯·布朗元帅所能做的就是继续前进,同时制订计划帮助被围困的军队逃脱。

腓特烈大帝对萨克森的进攻打响了战争的第一枪。腓特烈大帝继续率军向前行进,准备迎战前进的奥地利大公国军队。1756年10月1日,腓特烈大帝的军队在罗布西茨与奥地利大公国军队相遇。这场战斗并不具有决定性。事实上,在维也纳,人们认为这场战争取得了胜利并为此欢呼。但实际情况是,马克西米利安·尤利西斯·布朗元帅被迫从战场撤退,之后做了一些徒劳无功的努力,譬如带领一小部分军队去支援萨克森。行动完全失败了。萨克森军队在穿越易北河时被普鲁士王国军队击退,被迫投降。因此,萨克森所有反对派都被清除了,即使许多王储的军队在随后的战争中发挥得非常出色。

腓特烈大帝似乎很满意占领了德累斯顿和萨克森,他现在已经打开了通往波希米亚的大门,并且将未来战争的地点转移到了自己的领土之外。腓特烈大帝暂时撤退到西里西亚,同时允许萨克森选帝侯弗里德里希·奥古斯特二世平安回到其首都波兰。

与此同时,维也纳的政治家正在忙于制定条约。虽然时机不对,但腓特烈大帝已经做了奥地利大公国政治家预期的事情。无论如何,腓特烈大帝都习惯在战争中采取主动。腓特烈大帝已经召集了防御联盟。但在如何执行《凡尔赛条约》方面,法兰西王国方面出现了一些问题。一方面,法兰西王国急于打破约定,计划率领一支庞大的军队穿过汉诺威,向普鲁士王国的西部边境挺进。另一方面,玛丽亚·特蕾莎只要求得到承诺的两万四千人作为援助,并且要求他们组成辅助军队,加入奥地利大公国在萨克森的军队。事实上,玛丽亚·特蕾莎还没有做好解体旧联盟的准备。与此同时,玛丽亚·特蕾莎无法立刻坦然地默许法兰西王国违反条约所附的中立条约,也无法将法兰西王国军队和法兰西王国势力引入神圣罗马帝国的中心。玛丽亚·特蕾莎清楚当前的战局,对法兰西王国心怀顾忌也不足为奇。但在写给施塔尔亨贝格公爵格奥尔格·亚当的信中,考尼茨-里特贝格伯爵·文策尔·安东好像表示自己仍然相信旧联盟的存在,并且以此作为反对法兰西王国攻击汉诺威的依据。这让人很难相信考尼茨-里特贝格伯爵·文策尔·安东是真心的。

经过一番讨论后,法兰西王国派路易·查理·塞萨尔·勒·泰利耶伯爵前往维也纳与奥地利大公国共同制订一项有关联合行动的计划。法兰西王国与奥地利大公国之间没有任何共同利益。在这种情况下,双方在执行防御性条约上的困难及条约本身的缺陷立刻暴露了出来。路易·查理·塞萨尔·勒·泰利耶伯爵极力推崇法兰西宫廷的意见,即法兰西王国对奥地利大公国施以援手,奥地利大公国则应派遣大规模军队向汉诺威进军。考尼茨-里特贝格伯爵·文策尔·安东认为攻击汉诺威的计划较危险且效率低下,因而赞成法兰西王国派遣一支较小规模的军队穿过斯瓦比亚和福格特地区,与奥地利大公国军队一起在萨克森作战。因为与法兰西王国一起攻击汉诺威将打破中立条约,从而摧毁战争本土化的可能性。同时，奥地利大公国也不会获得真正的帮助。为了自身利益，大不列颠王国不会放弃扩大战争的机会。信奉新教的掌权者可能会在这次战争中看到更多天主教的侵略行径，由此导致宗教敌对的开始。法兰西王国迟早可以使奥地利大公国放弃反对意见，并且延迟了立即向奥地利大公国提供援助的行动。大不列颠王国将立即摆脱与奥地利大公国尚未完全破裂的同盟关系，同时与奥地利大公国的对手普鲁士王国结盟，这样做甚至可能激起奥斯曼帝国对奥地利大公国的敌对情绪，因为奥斯曼帝国是奥地利大公国永远的敌人。奥地利大公国允许法兰西王国军队通过奥地利大公国或德意志领土的行为并不违背中立原则。法兰西王国军队人数不多，而且公开宣称是奥地利大公国的辅助军，这将防止神圣罗马帝国王储因恐惧而对其诉诸武力。法兰西王国在地中海取得了成功，因而可以深入了解大不列颠王国的情况。荷兰边境目前处于和平状态，不会有发生大规模战争的危险。大规模战争曾多次表明了法兰西王国与大不列颠王国之间的竞争会导致灾难性后果。因此，在与世界其他国家和平相处的情况下，奥地利大公国与盟国俄罗斯帝国及辅助国法兰西王国必须以自己的方式与邻国普鲁士王国打交道。奥地利大公国需要做的就是使法兰西王国军队驻扎在莱茵河下游，向普鲁士王国施加压力，从而为奥地利大公国提供支持。

这场争论只有一个失败的地方，那就是争论建立在一种空洞的假设上，即在玛丽亚·特蕾莎和盟友俄罗斯帝国摧毁腓特烈大帝时，大不列颠王国和汉诺威将冷眼旁观。玛丽亚·特蕾莎和考尼茨–里特贝格伯爵·文策尔·安东似乎都没有想到奥地利大公国与法兰西王国联盟的必然后果，即大不列颠王国将认为奥地利大公国背弃友谊。奥地利大公国更希望保持普遍中立，甚至要求大不列颠国王乔治二世作为《国事诏书》和《布雷斯劳条约》的保证人之一为奥地利大公国提供帮助。考尼茨–里特贝格伯爵·文策尔·安东的目标是将奥地利大公国伪装成普遍中立的忠实捍卫者，同时采取必要的措施来保护奥地利大公国，使奥地利大公国足以对抗腓特烈大帝这个顽固的和平破坏者，并在接下来的一年里完成奥地利大公国的复仇计划。事实上，所有谈判条件都难以实现，因为奥地利大公国、法兰西王国与俄罗斯帝国组成的进攻性联盟此时正遭受着巨大压力。在两项条约的实施过程中，各国同样遭遇了巨大压力。在这种情况下，考尼茨-里特贝格伯爵·文策尔·安东不得不暂时搁置寻求盟友援助的主张，因为奥地利大公国为友谊付出了过高的代价，结果却只获得了一丁点儿好处。

目前，欧洲还面临着另一个困境，即各国都在提防着邻国的崛起。在外交方面，奥地利大公国首相考尼茨-里特贝格伯爵·文策尔·安东面临着极大的考验，但他不仅毫不退缩，而且用自己的聪明才智为奥地利大公国和俄罗斯帝国找到了突破口。俄罗斯帝国女沙皇伊丽莎白·彼得罗芙娜要求得到库尔兰和瑟米加利亚两个地方。根据当时的政治格局，奥地利大公国为了本国的优势地位不可能允许俄罗斯帝国势力过分扩张。此外，库尔兰在波兰王室拥有至高无上的地位。因此，考尼茨-里特贝格伯爵·文策尔·安东认为，不久之后，东普鲁士也将势力大增，甚至可能摆脱腓特烈大帝的控制。这将导致腓特烈大帝无法依赖波

18世纪中期的俄罗斯帝国女沙皇伊丽莎白·彼得罗芙娜

兰,从而使波兰永远处于奥地利大公国大公的统治之下。这样既能满足俄罗斯帝国女沙皇伊丽莎白·彼得罗芙娜的条件,也不会导致波兰国王与奥地利大公国疏远。俄罗斯帝国女沙皇伊丽莎白·彼得罗芙娜就会为自己的小儿子阿列克谢·格里戈里耶维奇·博布林斯基找到一个很好的安置办法。但这样的条约必须严格保密。为了欧洲东部的利益,法兰西王国绝不允许俄罗斯帝国的领土大幅扩张。虽然奥地利大公国是法兰西王国盟友,但为了本国在德意志的利益,法兰西王国不会允许奥地利大公国变得更加强大。另外,虽然普鲁士王国是法兰西王国的对手,但法兰西王国也不会允许普鲁士王国的力量遭到大幅削弱。俄罗斯帝国设计了一个独具特色的方案,即俄罗斯帝国与法兰西王国建立新的同盟关系,且不能向对方保密条约内容,必须坦诚相待。为了让玛丽亚·特蕾莎慎重考虑当时的情况并承认所有秘密条款,俄罗斯帝国女沙皇伊丽莎白·彼得罗芙娜表示不应该使用条约形式安排库尔兰和东普鲁士事宜,而应由奥地利大公国女王玛丽亚·特蕾莎与俄罗斯帝国女沙皇伊丽莎白·彼得罗芙娜共同签署一份宣言来确定。俄罗斯帝国急于采取行动,使玛丽亚·特蕾莎最终避免了搪塞推诿的尴尬。双方虽然互相理解,但并未落实到书面形式。1757年2月,《圣彼得堡协定》最终签订。通过该协定,奥地利大公国女王玛丽亚·特蕾莎与俄罗斯帝国女沙皇伊丽莎白·彼得罗芙娜承诺各提供八万人的军队,并且承诺在击败普鲁士王国之前不与之讲和,同时在马格德堡附近为萨克森选帝侯弗里德里希·奥古斯特二世争取到一笔令人满意的赔偿以补偿其受到的侮辱。

几个月后,也就是《凡尔赛条约》签署整整一年之后的1757年5月,奥地利大公国与法兰西王国的谈判也取得了成功。外交斗争更加错综复杂。新同盟体系中的各国虽然都准备好了战斗,但都有不满之处。玛丽亚·特蕾莎为奥地利大公国的损失感到痛心,同时将损失归咎于昔日的盟友大不列颠王国。法兰西王国的痛苦回忆被唤起,即腓特烈大帝曾不止一次在关键时刻抛弃法兰西王国。但事实上,他们没有需要联合对付的共同对手。新仇旧恨的对手不尽相同。对于法兰西王国而言,毁灭大不列颠王国是最终目标。但对于奥地利大公国而言,毁灭普鲁士王国才是目的。因此,谈判人员自然会尽其所能曲解订立的条约,以使条约对自己国家的立场有利。考尼茨-里特贝格伯爵·文策尔·安东建议奥地利大公国给予法兰西王国应得的补贴，使法兰西王国协助奥地利大公国收复西里西亚和格拉茨。考尼茨-里特贝格伯爵·文策尔·安东的这一主张被视为条约的基础。法兰西王国的一贯主张与此建议相吻合，即合作应建立在完全互惠的基础上。"互惠和利益平等"这几个字的含义是争论的焦点。法兰西王国谈判代表认为法兰西王国协助奥地利大公国摧毁普鲁士王国，奥地利大公国则应该协助法兰西王国摧毁大不列颠王国。但这一想法在最终条约中遭到了大幅修改，由此可见考尼茨-里特贝格伯爵·文策尔·安东作为外交家的卓越能力。法兰西王国外交大臣安东尼·路易·鲁耶提供了第一个想法，即大不列颠王国与普鲁士王国站在同一立场，违反了条约，所以也要受到惩罚。除了同意将荷兰交给法兰西王国国王路易十五的女婿帕尔马大公腓力，法兰西王国还要求将奥斯坦德和尼乌波特两个海港城市交由帕尔马大公腓力掌管，并由其管理这条海峡的通航。此外，法兰西王国代表还提出了由奥地利大公国先攻击普鲁士王国，之后法兰西王国再参战的意见。奥地利大公国谈判代表表示，这不是真正的互惠。奥地利大公国无法证明大不列颠王国知道腓特烈大帝的入侵行动，因而不能随便对大不列颠王国进行打击报复。对于奥斯坦德和尼乌波特的问题，法兰西王国也没有做出任何让步。互惠必须意味着各方共同追求某些目标，同时承担相同的责任。然而，奥地利大公国却承担了所有责任。荷兰投降是奥地利大公国做出的巨大政治牺牲，因为这完全摧毁了奥地利大公国与海上大国之间的联系。对于法兰西王国而言，边境安全有巨大的好处。因此，考虑到西里西亚、格拉茨和其他省份的财富和商业价值，荷兰与这些省份的交换完全有利于法兰西王国。即使在军队方面，法兰西王国也只愿意提供一支十一万人的军队，同时每年提供一千二百万荷兰盾的军费。而奥地利大公国则必须在战场上投入二十万人并承担大部分的军队维护费用。

谈判过程中，法兰西王国国王路易十五差点遭到暗杀一事引起了人们的普遍焦虑。如果路易十五驾崩，那么整个计划可能也就失败了。如果路易十五身患重病，那么人们会再次回忆起1741年战争一触即发的恐惧感，也会担心玛丽

让-巴普蒂斯特·德·马绍·达努维尔

亚·特蕾莎被赶下台。玛丽亚·特蕾莎是奥地利大公国与法兰西王国谈判的主要支持者。幸运的是,没有灾难发生。蓬帕杜尔夫人恢复自己在法兰西王国的影响力。不久之后,达让松侯爵勒内·路易·德·瓦耶·德·波尔姆和让-巴普蒂斯特·德·马绍·达努维尔就下台了。贝尼斯神父则借此机会获得了职位。这证明了蓬帕杜尔夫人的巨大影响力。

玛丽亚·特蕾莎宣布同意条约内容。考尼茨-里特贝格伯爵·文策尔·安东的外交工作取得了全面胜利。大不列颠王国与腓特烈大帝并非同谋。大不列颠王国只是拒绝向玛丽亚·特蕾莎提供援助。只有普鲁士王国才是奥地利大公国的对手。法兰西王国将继续提供补贴和援助,直到玛丽亚·特蕾莎以和平方式拥有西里西亚、格拉茨和克罗森领地,以及与奥地利大公国世袭领地直接相连的

马格德堡

一些土地。这些领地的现拥有者将以攻击普鲁士王国为代价获得补偿。直到腓特烈大帝放弃西里西亚、格拉茨、克罗森、马格德堡、哈尔贝施塔特、哈勒、瑞典属波美拉尼亚和普鲁士王国在克利夫斯的继承权,战争才会结束。然后,法兰西王国可以在奥斯坦德和尼乌波特等一些低地国家占领一些要塞,以及使帕尔马大公腓力得到承诺的地方。此外,法兰西王国还将利用自己的影响力选举约瑟夫大公为神圣罗马帝国皇帝,同时同意在摩德纳扶持利奥波德大公。如果帕尔马大公腓力没有留下继承人,那么法兰西王国则会确保荷兰归还奥地利大公国。根据这些条款,法兰西王国承诺提供一支十一万五千人的军队和一千二百万荷兰盾的补贴。

联盟体系的改变可能对欧洲和法兰西王国都有利。但事实上,联盟体系改变带来的好处只不过是利己主义外交的意外收获。虽然考尼茨-里特贝格伯爵·文策尔·安东在报告中不时提到法兰西王国的优势,但他其实对此并不在意,因为他已经了解到法兰西王国政府的弱点。路易十五在大臣背后找到了外交带来的虚荣乐趣。路易十五渴望为女婿帕尔马大公腓力争取有利的领地。蓬帕杜尔夫人则决心获得政治上的优势。于是，二人以新颖的方式开始合作。蓬帕杜尔夫人强大的魅力使本性软弱的路易十五无法抗拒。考尼茨-里特贝格伯爵·文策尔·安东将诱饵摆在路易十五面前。路易十五则贪婪地抓住了诱饵。法兰西王国外交大臣安东尼·路易·鲁耶也十分聪明，看到了路易十五的错误，但深知反对王权是不可能的。路易十五下令压制此事，必要时，他有可能会更换大臣，以使大臣们服从。因此，除了可以从相对安全的东北边境获得利益，法兰西王国再无其他现有或永久的利益。如果法兰西王国被迫放弃真实的利益，投入一场与自己毫不相干的战争，那么法兰西王国必然会在真正重要的战争中失败。与此同时，法兰西王国打破了所有传统政策，而那些政策是法兰西王国最伟大的政治家精心制定的，这意味着法兰西王国很快便失去了自己在德意志和东欧的主导地位。

对于奥地利大公国而言，签订条约有利也有弊。奥地利大公国没有得到条约承诺的任何一项好处。条约只是形成了无用的联盟，同时造成了持久的敌意。当时，政治关系复杂，局势瞬息万变，奥地利大公国与普鲁士王国之间的仇恨一触即发。在整个过程中，各国自私自利，完全无视神圣罗马帝国的利益。奥地利大公国和北德意志之间的强烈敌意成了随后所有灾难的根源。当时，拥有洞察力相当于拥有预言能力。即使考尼茨-里特贝格伯爵·文策尔·安东没有敏锐的洞察力，他的精妙构想、对当时统治者主要动机的敏锐理解、娴熟的搪塞技巧和不屈不挠的坚定精神也都值得人们钦佩。无论是考尼茨-里特贝格伯爵·文策尔·安东，还是充分信任考尼茨-里特贝格伯爵·文策尔·安东的玛丽亚·特蕾莎，都不应该因为没有认识到对手的过人之处而受到责备。如果一些本身存在问题的行动，通过采取预防措施取得了成功，那么这些预防措施的实施肯定考虑到了当时的情况。人们很难想象，一个只有五百万居民的小王国竟能够阻挠欧洲三大强国的计划。

事实上，攻击者不仅是这三个大国。虽然玛丽亚·特蕾莎曾用宗教名义与法兰西王国争论，但为了防止战争带有宗教色彩，玛丽亚·特蕾莎认为有必要获得神圣罗马帝国的支持。在雷根斯堡议会中，三方阵营中包括少数新教国家，但大多数国家都同意了玛丽亚·特蕾莎的主张,同时决定组建一支所谓的行刑军队,以使扰乱帝国和平的人恢复理智。希尔德伯格豪森公爵约瑟夫·玛丽亚·弗雷德里克·威廉担任军队指挥官。法兰西王国和奥地利大公国也在瑞典积极进行着外交活动。法兰西王国以同样的理由说服瑞典加入了联盟。也就是说,瑞典成了《威斯特伐利亚和约》的保障国之一。在1757年里,该和约像其他条约一样逐渐健全起来,并且充满了侵略性。瑞典加入联盟的条件是获得波美拉尼亚。考尼茨-里特贝格伯爵·文策尔·安东写道:"面对蛮横的腓特烈大帝,我们在上帝的帮助下将更多普鲁士王国的对手聚集在一起,最终迫使他选择屈服。"

第 7 章
七年战争
（1757—1760）

精彩看点

普鲁士军队进入波希米亚——科林战役——战争格局发生重大变化——洛林公爵查理·亚历山大担任总司令——罗斯巴赫战败——奥地利大公国再次发起战争——曹恩道夫战役——腓特烈大帝从西里西亚凯旋——玛丽亚·特蕾莎对军事行动的敏锐洞察力——"成为一个更伟大的人"——托斯卡纳成为一个半独立属地——修订后的《凡尔赛条约》——库勒斯道夫战役——考尼茨-里特贝格伯爵·文策尔·安东的外交成就

腓特烈大帝绝不会坐以待毙。普鲁士王国军队从不同的方向冲进波希米亚，横扫一切，最后将洛林公爵查理·亚历山大和马克西米利安·尤利西斯·布朗元帅带领的奥地利大公国军队逼进了布拉格的避难所。但与此同时，忙于讨论战争计划的盟军仍在不慌不忙地为即将到来的战争壮大军队力量。普鲁士王国军队迅速而巧妙地集中在城东的山上，离盟军只有一段进攻距离。与同时期其他战争相比，布拉格战役更激烈，也更血腥。最终，1757年5月6日，奥地利大公国彻底失败。指挥官马克西米利安·尤利西斯·布朗元帅能干且精力充沛，他离开后，带领军队的责任就落在了洛林公爵查理·亚历山大肩上。普鲁士王国军队将奥地利大公国军队逼到了城内，然后将其围困起来，切断了它与外界的一切联系。

如果奥地利大公国军队行军速度再慢一点，那么腓特烈大帝将很难发现它们前进的踪迹。在发现奥地利大公国军队的行动之后，腓特烈大帝立刻派出了一支军队，准备给对手一次痛击。腓特烈大帝希望快速占领布拉格，以使自己能够跟上其余普鲁士王国军队的作战行动。但腓特烈大帝派出的军队无法将城内奥地利大公国的四万兵力迅速击溃。此时，腓特烈大帝又收到了利奥波德·约瑟夫·冯·道恩元帅近几天会试图与城内驻军联系的消息。于是，腓特烈大帝觉得不能再浪费时间，便匆忙带上一队人马增援，跟在中尉后面继续前进。利奥波

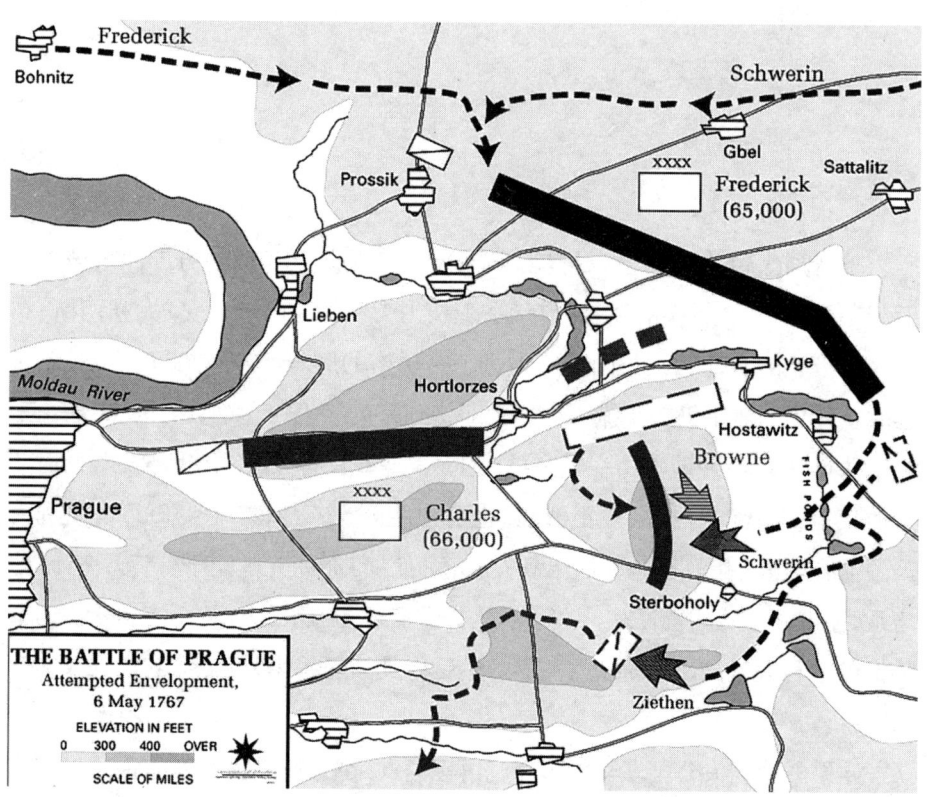

布拉格战役示意图

布拉格战役中一名阵亡的奥地利大公国军官

德·约瑟夫·冯·道恩元帅十分谨慎,他不希望让腓特烈大帝离其支持者太远,便率军慢慢后退,最后在科林附近占据了一个非常有利的位置。腓特烈大帝总是喜欢在进攻中采取行动,他试图用军事才能弥补军队人数不足的巨大劣势。大侧翼进攻是腓特烈大帝惯用的战术。但这一次,腓特烈大帝失败了,这一方面是因为奥地利大公国军队十分坚定,另一方面是因为普鲁士王国将军们的一些错误指挥。1757年6月18日,科林战役以普鲁士王国惨败告终。

读者不难想象维也纳民众得知奥地利大公国胜利消息时的激动。科林战役胜利的消息带给人们的喜悦,与布拉格战役之后人们的落寞形成了鲜明对比。利奥波德·约瑟夫·冯·道恩元帅成了当时的英雄和奥地利大公国的救世主。为了庆祝这一天的胜利,奥地利大公国军方设立了"玛丽亚·特蕾莎军功勋章",其中第一枚勋章便授给了大获全胜的元帅。奥地利大公国军队在欢乐中浪费了很多时间。与此同时,对手趁机摆脱了奥地利大公国军队的控制,加紧了对布拉格的围攻,最终安全撤退到了萨克森边境。

奥地利大公国此次胜利使整个战争格局发生了重大变化。布拉格战役结束后,盟国便开始犹豫不决。此时,盟国听到了普鲁士王国战败的消息,也看到了奥地利大公国军队在和平时期进行的改革发挥了巨大作用。考虑到奥地利大公国军队不再软弱无力、管理无方,盟军也做好了进攻的准备。奥地利大公国伟大的计划似乎立刻就要实现了。腓特烈大帝看到对手从四面八方逼近,被迫采取防御措施。普鲁士王国军队规模很小,似乎难以逃脱被歼灭的命运。腓特烈大帝十分恐惧,但无处可逃。即使是在战争问题上,考尼茨-里特贝格伯爵·文策尔·安东也总是占据主导地位,他不断督促陆军元帅洛林公爵查理·亚历山大以某种方式摧毁弗雷德里克·亨利·路易亲王①领导的普鲁士王国军队。目前,这支军队十分疲弱,正在劳西茨山休整,而腓特烈大帝也尚未前来援救。

但作为一个军事大国,奥地利大公国的弱点已经开始显露。奥地利大公国军队整体作战水平确实有了很大改进,炮兵学校也取得了优异的成绩。事实证

---

① 弗雷德里克·亨利·路易亲王(1726—1802),腓特烈大帝的弟弟,将军和政治家,在西里西亚战争和七年战争中领导普鲁士军队,在七年战争中从未战败过。

明,边防军队与一定数量的正规军联合起来的战斗力十分强大,在恩斯特·吉迪恩·冯·劳东的指挥下,边防军队获得了最佳军事声誉。但奥地利大公国的将军们似乎都缺乏主动性,这使其出色的军队近乎瘫痪。玛丽亚·特蕾莎取得的成功、要强的个性,以及成功实施的中央集权似乎对将军们的性格产生了不利影响。将军们在很大程度上丧失了独立性,也丧失了在关键时刻承担责任的意愿,而这些因素对战争至关重要。

将军们仰赖的指挥者是一个女人,这对战局也产生了不利影响。虽然玛丽亚·特蕾莎脾气温和,为人宽宏大量,但其性情弱点不可避免地会对她产生影响,即玛丽亚·特蕾莎无法摆脱强烈的个人好恶。就在这个时候,人们普遍认为玛丽亚·特蕾莎丈夫的弟弟洛林公爵查理·亚历山大十分无能,但玛丽亚·特蕾莎还是坚持让洛林公爵查理·亚历山大担任总司令。然而,这种安排不当的命令没有得到有效执行。虽然战争会议每天都召开,但战争委员会经常不能做出重大而有力的决定,这已成为一种常见现象。

将军做出的细小决定并不一定能被执行,因为所有决定都需要报送维也纳,然后由玛丽亚·特蕾莎亲自做出最后决定。玛丽亚·特蕾莎似乎并没有故意纵容这种将所有责任推给中央政权的企图。玛丽亚·特蕾莎在许多答复中明确指出,战争中的决定必须取决于当时的情况。玛丽亚·特蕾莎做出过具体回答,也多次将决定权交由议会中的多数人,还就某些行动方针提出过具体而直接的建议。因此,所有的人都倾向于依赖玛丽亚·特蕾莎的决定,导致军心动摇、军队行动缓慢。然而,玛丽亚·特蕾莎对战事不清楚,也并不知道自己做出的决定是否正确。因此,玛丽亚·特蕾莎经常对战争的进展感到不满,并且和考尼茨-里特贝格伯爵·文策尔·安东不断斥责指挥官,以求看到更迅速果断的战争行动。

奥地利大公国军队度过了犹豫、不作为的时期。之后,指挥官开始不时采取一些睿智的举措。奥地利大公国军队受普鲁士王国军队压制太久,连神圣罗马帝国皇帝弗朗茨一世都觉得有必要写信给弟弟洛林公爵查理·亚历山大,其措辞十分严厉。因此,洛林公爵查理·亚历山大转而攻击西里西亚。虽然洛林公爵

科林战役

科林战役中的腓特烈大帝

弗雷德里克·亨利·路易亲王

恩斯特·吉迪恩·冯·劳东

查理·亚历山大允许不伦瑞克-贝沃恩公爵奥古斯特·威廉在布雷斯劳等待，但没过多久，洛林公爵查理·亚历山大又下定决心对付不伦瑞克-贝沃恩公爵奥古斯特·威廉。1757年11月22日，洛林公爵查理·亚历山大在一场激烈的战斗后大获全胜，之后占领了西里西亚及施韦德尼茨的堡垒。奥地利大公国重新征服西里西亚的渴望似乎已成事实。西里西亚再次与奥地利大公国成为统一整体。西里西亚民众不再效忠腓特烈大帝。各种宗教、贵族及其他阶级的地位得到了重新界定。在这激动人心的时刻，西里西亚民众高声呼喊着向征服者致意，以此证明他们希望回到昔日主人的同意。

胜利犹如昙花一现。腓特烈大帝很快便被迫率军匆忙向西进发，以牵制向爱尔福特挺进的奥地利大公国军队和法兰西王国军队。在行军过程中，腓特烈大帝遭到一次突如其来的打击。这种打击不同于奥地利大公国通常有条不紊

不伦瑞克-贝沃恩公爵奥古斯特·威廉

的行动。在洛林公爵查理·亚历山大转攻西里西亚时，普鲁士王国将军安德拉什·哈迪克·德·福塔克落在了后面。之后，安德拉什·哈迪克·德·福塔克将军突然行动起来，向北冲过边境，带领部分普鲁士王国军队奋勇前进，占领了柏林的一个郊区。但安德拉什·哈迪克·德·福塔克将军的行动没有得到普鲁士王国军队的大力支持，自然没有多大效果。最后，安德拉什·哈迪克·德·福塔克将军满心欢喜地带着三万英镑的微薄赎金匆匆返回，但这对腓特烈大帝来说是一种侮辱。腓特烈大帝为此怒火中烧，同时开始实施报复。腓特烈大帝深知向柏林进军会孤立无援，便继续向西进军。1757年11月5日，腓特烈大帝率领的小分队在罗斯巴赫会战中彻底击败了训练不足、指挥不善的奥地利大公国军队和法兰西王国军队。对于奥地利大公国而言，这是一次彻底的失败，这意味着奥地利大公国重新向西里西亚进攻的一切希望都破灭了。

　　罗斯巴赫战败的打击尚未消退，洛林公爵查理·亚历山大和利奥波德·约瑟夫·冯·道恩元帅就听说腓特烈大帝已经越过其统治范围，将军队驻扎在了附近。此时，如果奥地利大公国采取旧计划，进行一场阵地战，也许会更明智些。然而，奥地利大公国却因为已有成就骄傲自满。在奥地利大公国官廷的敦促下，奥地利大公国军队决定依靠人数优势与对手进行一场激战。1757年12月5日，奥地利大公国集结了洛伊滕附近的军队，占领了通往布雷斯劳的道路。从许多方面来看，洛伊滕会战在整个七年战争中都具有决定性作用。这一次，腓特烈大帝的策略取得了圆满成功，他将全军力量都用于攻击奥地利大公国军队左翼。经过英勇抵抗之后，奥地利大公国军队几乎全军覆没，剩余军队立即撤出了西里西亚。民众的敌意使撤退变得更加困难，这与奥地利大公国军队占领布雷斯劳时的欢乐形成了鲜明对比，也是当时埋下的伏笔。

　　这场斗争持续了一年之久，战局也千变万化，因而双方都没有理由沾沾自喜。腓特烈大帝在战场上所向披靡，显然有能力对抗联盟。除占领默默尔之外，俄罗斯帝国军队什么也没做；瑞典被迫撤退到波美拉尼亚；法兰西王国则在罗斯巴赫遭到惨败。西里西亚好像从未回到过奥地利大公国。腓特烈大帝深入波希米亚的企图也失败了。

罗斯巴赫会战

洛伊滕会战中冲锋的普鲁士士兵

在这种情况下,双方很自然会产生缔结条约的想法。腓特烈大帝虽然取得了两次巨大胜利,但他意识到自己资源有限,并且认为这是向法兰西王国间接提出建议的好机会。虽然路易十五和大臣们起初不承认自己对战争的前景感到沮丧,同时明确表示与奥地利大公国休戚与共的同盟友谊坚不可破,但法兰西王国也并非完全不理会腓特烈大帝的这些建议。最终,法兰西王国出台了新政策,获得了支持者的同意。

随着蓬帕杜尔夫人和朋友们大获全胜,老大臣们都退出了。同时,贝尼斯神父也接任了外交大臣一职。但贝尼斯神父已经开始感觉到负担过重,他也开始明白,不负责任地支持一场重大但存在问题的政治变革与恪守实施这一变革的

贝尼斯神父

应尽责任有着本质区别。到目前为止,贝尼斯神父一直希望将两种做法相结合,这使贝尼斯神父一方面渴望着成功,一方面考虑着放弃。贝尼斯神父给法兰西王国驻维也纳大使斯坦维尔侯爵艾蒂安·弗朗索瓦写了一封信,他用最黑暗的色调描绘了目前事态的灾难性状况及更糟糕的前景。贝尼斯神父写道:"仅仅在十到十二天内,我看到维也纳损失了四分之三的军队和军官,而俄罗斯帝国则以每匹一百苏的价格出售炮兵所需的马匹。此时,因为身患疾病,俄罗斯帝国女沙皇伊丽莎白·彼得罗芙娜倍感虚弱,她是否继续采用大不列颠王国用巨额贿赂从阿列克谢·彼得罗维希·别斯图热夫·留明那里买来的计划还有待确定。俄罗斯帝国没有军队,法兰西王国军队纪律涣散、没有将军,它们在普鲁士王国和汉诺威之间举步维艰。如果法兰西王国军队有能力出众的将军,或者维也纳和凡尔赛有一个良好的军事委员会,我就不会因为我们的错误和不幸放弃这场战争。但我期望的条件都不具备,而且战事紧迫,所以我呼吁实现和平。如果奥地利大公国宫廷允许我们谈判,或者与我们进行谈判,我们就能体面地摆脱困境。同时,让我们武装起来吧,这是走向和平的第一步。"

虽然贝尼斯神父宣称这只是个人意见,但人们很难相信贝尼斯神父的此番讲话没有得到路易十五许可。贝尼斯神父的信加剧了玛丽亚·特蕾莎因洛伊滕会战失败产生的沮丧感。玛丽亚·特蕾莎虽然一开始对这件事还表现得比较镇定,但她承认几天后自己便完全失去了信心。玛丽亚·特蕾莎像一个普通女人一样说出了心里最真实的想法,同时向法兰西王国大使流露了自己的感情。在这场危机中,考尼茨-里特贝格伯爵·文策尔·安东的帮助意义重大。考尼茨-里特贝格伯爵·文策尔·安东从来没有动摇过,他鼓励大使,也鼓励玛丽亚·特蕾莎。当斯坦维尔侯爵艾蒂安·弗朗索瓦表示法兰西王国无法再履行条约,甚至希望取消条约时,考尼茨-里特贝格伯爵·文策尔·安东马上表示奥地利大公国宫廷没有在签订条约之后又立即背弃条约的习惯。考尼茨-里特贝格伯爵·文策尔·安东用坚定而又略带愤怒的语气表示奥地利大公国坚决反对法兰西王国的建议,并且正式要求法兰西王国提供承诺的辅助军队和补贴。考尼茨-里特贝格伯爵·文策尔·安东的坚定产生了预期的结果。事实上,蓬帕杜尔夫人在此事中起到了很大作用,她似乎一直对普鲁士王国怀有强烈的仇恨,而法兰西王国大臣及国王路易十五都与她关系密切。玛丽亚·特蕾莎一时的沮丧消失了。贝尼斯神父也做了一些让步。路易十五亲手写了一封态度友好而坚定的信。奥地利大公国和法兰西王国之间的谈判仅限于考虑发起战争的方式和策略。

然而,奥地利大公国再次发起战争并不是为了使法兰西王国改变犹豫不决的态度。德意志军队的指挥权已委托给克莱蒙特伯爵。当无能的坎伯兰公爵威廉·奥古斯都已不再反对克莱蒙特伯爵时,另一位能力出众的将军却开始反对他。威廉·皮特为大不列颠王国政府注入了新活力,并且决心加强汉诺威的防卫

威廉·皮特

及获得腓特烈大帝的帮助。在不伦瑞克,威廉·皮特得到了联军指挥官不伦瑞克-沃尔芬比特尔的斐迪南公爵的帮助。这种变化十分明显。1758年4月月初,因为无法保住在德意志的阵地,法兰西王国军队被迫撤退到莱茵河左岸。法兰西王国驻维也纳大使斯坦维尔侯爵艾蒂安·弗朗索瓦再次收到了一封暗示和平必要性的信。这封信指出1758年战役的主要目的便是恢复和平,但这不仅仅是一个笼统的建议,因为信中甚至给出了恢复和平的条件和可以作为调停者的大国。同时,法兰西王国还表达了一个真诚的愿望,即在战争持续期间,战场应从西里西亚转移到萨克森。玛丽亚·特蕾莎十分愤怒,因为按照法兰西王国的提议,西里西亚将仍留在对手手中。玛丽亚·特蕾莎无法相信法兰西王国的所有友善都只是虚假的,目的是掩盖与腓特烈大帝单独缔结和平协定的决心。克莱蒙特伯爵带领军队仓促撤退。有人建议玛丽亚·特蕾莎继续掌控西里西亚,而法兰西王国坚持维护萨克森的利益,种种行为让玛丽亚·特蕾莎认为,自己正在成为法兰西王国政策的玩物。一段时间内,考尼茨-里特贝格伯爵·文策尔·安东的伟大政治成就似乎将使事情变得更加艰难。在写给考尼茨-里特贝格伯爵·文策尔·安东的信中,玛丽亚·特蕾莎明确表示,这场战争必须继续进行,但不再考虑法兰西王国的帮助,因为法兰西王国的援助微不足道。玛丽亚·特蕾莎认为今后必须寻求与俄罗斯帝国建立紧密的联盟。奥地利大公国单独与俄罗斯帝国结盟的行为,几乎表明奥地利大公国与大不列颠王国重新建立了联系,而俄罗斯帝国则从未与大不列颠王国正式分离。如果玛丽亚·特蕾莎的建议得到采纳,那么考尼茨-里特贝格伯爵·文策尔·安东的整个伟大计划就会彻底失败,政治格局也会回到原点。

考尼茨-里特贝格伯爵·文策尔·安东对玛丽亚·特蕾莎选择的路线感到十分惊慌。为了让玛丽亚·特蕾莎满意,考尼茨-里特贝格伯爵·文策尔·安东煞费苦心地向她证明了新制度的优点,但这并不像证明旧制度的缺点那样容易。长期受大不列颠王国压制,是玛丽亚·特蕾莎做出政治决策的弱点之一。考尼茨-里特贝格伯爵·文策尔·安东借此使玛丽亚·特蕾莎继续相信他的观点。当斯坦维尔侯爵艾蒂安·弗朗索瓦再次用激烈的言辞提出法兰西王国的主张时,玛丽

不伦瑞克－沃尔芬比特尔的斐迪南公爵

斯坦维尔侯爵艾蒂安·弗朗索瓦

亚·特蕾莎似乎已经采纳了考尼茨-里特贝格伯爵·文策尔·安东的提议,她不仅拒绝立即回答,而且表示有必要将此事提交到议会进行讨论。事实上,玛丽亚·特蕾莎的判断完全正确。玛丽亚·特蕾莎从法兰西王国那里得到的帮助几乎毫无用处,而俄罗斯帝国对普鲁士王国的打击则几乎使腓特烈大帝屈服。但法兰西王国确实没有做出令玛丽亚·特蕾莎产生怀疑的两面派行为。1758年春天,查尔斯·路易·奥古斯特·富凯元帅撤换了一直效率低下的战争部长,为法兰西王国的军事行动增添了一些活力。1759年12月,贝尼斯神父被撤职后,斯坦维尔侯爵艾蒂安·弗朗索瓦接替了贝尼斯神父的职位,成为舒瓦瑟尔公爵。至此,奥地利大公国与法兰西王国的关系得到缓和。但法兰西王国的财力几乎消耗殆尽,因而无法提供承诺的巨额补贴。事实证明,新将军们效率低下,而政府的疲软则使联盟失去了预期优势。

但在重要大臣换届之前,大部分战役已经结束了。玛丽亚·特蕾莎终于鼓起勇气将丈夫弗朗茨一世无能的弟弟洛林公爵查理·亚历山大撤职,然后将统帅权交给了陆军元帅利奥波德·约瑟夫·冯·道恩伯爵。玛丽亚·特蕾莎一如既往地为自己的世袭领地而战,并且将全部精力都用在了壮大波希米亚的军队上。随后的战役充分表明了敌对双方领导者能力的鲜明差距,也表明了战争结果不分胜负。腓特烈大帝再次采取主动进攻,他避开了集中在波希米亚保卫维也纳的军队,率军穿过几乎没有军队驻扎的摩拉维亚,最后直击奥地利大公国的心脏。维也纳人又一次战战兢兢害怕看到对手出现在城墙外,只有奥尔米茨要塞阻挡着普鲁士王国军队的进攻。攻占奥尔米茨比腓特烈大帝预想的更加困难。而利奥波德·约瑟夫·冯·道恩伯爵发现恩斯特·吉迪恩·冯·劳东将军是一位很好的伙伴,利奥波德·约瑟夫·冯·道恩伯爵可以将自己不擅长的那些积极作战策略交付给恩斯特·吉迪恩·冯·劳东。因为奥尔米茨离普鲁士王国领土很远,腓特烈大帝不得不用连续不断的车队为军队提供补给,以支持自己的围攻。按照以往的围攻经验,腓特烈大帝相信普鲁士王国军队很快就会成功,但恩斯特·吉迪恩·冯·劳东彻底摧毁了最后一支为围攻提供一切所需物资的普鲁士王国护卫队。腓特烈大帝被迫率军撤退,但他并未退到西里西亚,而是退到了波希米亚。

在那里，普鲁士王国军队继续威胁着维也纳。此时，利奥波德·约瑟夫·冯·道恩伯爵的特殊天赋得到展现。利奥波德·约瑟夫·冯·道恩伯爵决不被迫应战，他通过一系列巧妙的策略设法将腓特烈大帝赶出了波希米亚。但利奥波德·约瑟夫·冯·道恩伯爵的成功就此终止了。随着俄罗斯帝国不断对普鲁士王国施压，腓特烈大帝觉得有必要控制住东部边境的防卫，但利奥波德·约瑟夫·冯·道恩伯爵为跟上腓特烈大帝快速行进而做的努力几乎有些可笑。1758年8月25日，当腓特烈大帝在曹恩道夫战役中学习俄罗斯帝国士兵顽强作战的价值时，利奥波德·约瑟夫·冯·道恩伯爵却满足于缓慢地将军队集结在德累斯顿周围。腓特烈大帝在北方取胜之后，利奥波德·约瑟夫·冯·道恩伯爵便率军撤退了。奥地利大公国将军们正在围攻位于科瑟尔和奈塞河的西里西亚要塞，并且仍有希望取得一些成功。这种希望一度即将成真。腓特烈大帝急于摆脱这些堡垒，便悄悄从德累斯顿撤军，开始向西里西亚进军。利奥波德·约瑟夫·冯·道恩伯爵这一次显示了自己快速行动的能力，他封锁了腓特烈大帝前往霍克奇的道路。腓特烈大帝盲

曹恩道夫战场上的腓特烈大帝

目轻视了未对自己造成过打击的利奥波德·约瑟夫·冯·道恩伯爵,导致自己遭到围困,最终于1758年10月14日遭受了常人无法承受的惨败。但腓特烈大帝很快整合了军队,再次超越了迟缓的对手,拯救了西里西亚堡垒。霍克奇战役之后,利奥波德·约瑟夫·冯·道恩伯爵一直都有取胜的机会。利奥波德·约瑟夫·冯·道恩伯爵对德累斯顿的进攻虽然得到了奥地利大公国军队的支持,但还是在萨穆埃尔·冯·施梅特将军的有力抵抗下失败了。于是,腓特烈大帝再次从西里西亚凯旋,并且迫使利奥波德·约瑟夫·冯·道恩伯爵退回了波希米亚。

奥尔米茨遭到攻击的消息使奥地利大公国感到十分惊恐。大臣建议玛丽亚·特蕾莎从维也纳撤退,到格拉茨寻求一个更安全的地方。在此危急时刻,玛丽亚·特蕾莎并没有任何退缩的表现。玛丽亚·特蕾莎因为自己受到的不公待遇深感痛苦,她还认为撤离摩拉维亚的军队是一个重大错误,但如果对手没有进入城内,那她绝不会离开首都。指挥官围攻奥尔米兹的行动使玛丽亚·特蕾莎重新恢复了信心。玛丽亚·特蕾莎对利奥波德·约瑟夫·冯·道恩伯爵和恩斯特·吉迪恩·冯·劳东将军的付出感到十分欣慰。就政治局势而言,此次围攻胜利的意义非凡。法兰西王国在会议上依然摇摆不定。法兰西王国曾勉强默许了玛丽亚·特蕾莎的政策,但面对之后的重重危机,法兰西王国又一次食言。在不伦瑞克–沃尔芬比特尔的斐迪南公爵军队面前,法兰西王国新司令官克莱蒙特伯爵的军队全面溃退。之后,克莱蒙特伯爵躲到了威悉河和莱茵河的左岸。即使在那里,克莱蒙特伯爵的军队也遭到了攻击。1759年6月23日,在奥尔米兹即将被包围时,克莱蒙特伯爵在卡雷菲尔德战役中彻底溃败。整个春天,巴黎不断传来信函,但来信只谈到对战争的失望和对和平的渴望。施塔尔亨贝格公爵格奥尔格·亚当也开始丧失信心。考尼茨–里特贝格伯爵·文策尔·安东寄给施塔尔亨贝格公爵格奥尔格·亚当许多急件,里面全是鼓舞人心的言论,但毫无用处。施塔尔亨贝格公爵格奥尔格·亚当回复道:"法兰西王国不值得信赖。阴谋算计和个人利益使法兰西王国总是反复无常。"考尼茨–里特贝格伯爵·文策尔·安东不得不承认,虽然奥地利大公国从法兰西王国获得真正援助的希望十分渺茫,但没有法兰西王国的援助,奥地利大公国就无法发动战争。因此,除了缔造

卡雷菲尔德战役

和平,奥地利大公国别无选择。围攻奥尔米茨的消息瞬间打消了奥地利人的沮丧感。奥地利大公国臣民不再抱怨国家的不作为和贫穷。查尔斯·路易斯·奥古斯特·富凯元帅给考尼茨-里特贝格伯爵·文策尔·安东写了一封信,表示真诚希望利奥波德·约瑟夫·冯·道恩伯爵马上出现在摩拉维亚和莱茵河。这样的意愿无疑会令人欢欣鼓舞。然而,法兰西王国并没有提供真正的帮助。但法兰西王国确实任命了作战能力更强的将军路易·乔治·埃拉兹梅·德·孔塔斯和苏比斯公爵查理·罗汉。但不伦瑞克-沃尔芬比特尔的斐迪南公爵采用巧妙的策略使法兰西王国军队一方面充分部署在战场上,另一方面又无法在战争过程中发挥实际作用。即使法兰西王国军队努力取得了一些成功,不伦瑞克-沃尔芬比特尔的斐迪南公爵也仍会设法使其保持距离,放弃所获得的优势。

在整个战役进行的过程中,玛丽亚·特蕾莎对军事行动表现出了极大的兴

第 7 章 七年战争(1757—1760)

路易·乔治·埃拉兹梅·德·孔塔斯

苏比斯公爵查理·罗汉

趣和非凡的洞察力。然而，即使并非完全有意为之，玛丽亚·特蕾莎企图在维也纳操控战争的错误再次凸显出来。玛丽亚·特蕾莎多次宣称不会对利奥波德·约瑟夫·冯·道恩伯爵下命令，会给予他完全自由的指挥权，但玛丽亚·特蕾莎还是一次次致信利奥波德·约瑟夫·冯·道恩伯爵，从政治和军事的角度与他讨论问题，同时为其指明行动的方向。玛丽亚·特蕾莎眼光敏锐，立刻察觉出了腓特烈大帝离开西里西亚去北方的意图，并且向利奥波德·约瑟夫·冯·道恩伯爵解释了与俄罗斯帝国迅速取得联系的必要性。玛丽亚·特蕾莎还认识到腓特烈大帝正在做着徒劳无功的努力，并且指出奥地利大公国军队应利用腓特烈大帝不在萨克森的时机，迅速采取有效行动。玛丽亚·特蕾莎虽然不断谈到取得巨大胜利的必要性，但她从不敢直接命令陆军元帅利奥波德·约瑟夫·冯·道恩伯爵冒险作战。事实上，对于这样一场分权管理的战争而言，玛丽亚·特蕾莎与生俱来的良好品格也产生了一些不良影响。人们认为玛丽亚·特蕾莎用人不疑，因而对她十分钦佩，并且将之视为她最重要的品格。玛丽亚·特蕾莎早年一直依赖那些效率低下的国务大臣，任由丈夫弗朗茨一世缺乏决策力的弟弟洛林公爵查理·亚历山大指挥奥地利大公国军队，结果使军队的战斗力得不到有效发挥。因此，玛丽亚·特蕾莎现在信任利奥波德·约瑟夫·冯·道恩伯爵，既不因其行动缓慢而感到厌烦，也不因其行动毫无结果而动摇信心。利奥波德·约瑟夫·冯·道恩伯爵在霍克奇取得的胜利似乎证明了玛丽亚·特蕾莎此举的明智。玛丽亚·特蕾莎奖赏了利奥波德·约瑟夫·冯·道恩伯爵。即使霍克奇战役的胜利并没有带来实际意义，公众对此表示强烈抗议，玛丽亚·特蕾莎也仍然信任利奥波德·约瑟夫·冯·道恩伯爵。但由于公众的反对声音十分强烈，所以利奥波德·约瑟夫·冯·道恩伯爵开始考虑辞职。在这种情况下，玛丽亚·特蕾莎指示弗雷德里希·威廉·冯·霍格维茨伯爵写信给利奥波德·约瑟夫·冯·道恩伯爵，向他表示："玛丽亚·特蕾莎热泪盈眶地表达了自己的愿望，她希望利奥波德·约瑟夫·冯·道恩伯爵能继续战斗，像以前一样继续为玛丽亚·特蕾莎和奥地利大公国服务。"玛丽亚·特蕾莎视利奥波德·约瑟夫·冯·道恩伯爵为"奥地利大公国宫廷最珍贵的财富"。

考尼茨-里特贝格伯爵·文策尔·安东也表达了相同的愿望。他在给利奥波德·约瑟夫·冯·道恩伯爵的信中写道:"我认为你是我们目前最好的士兵,我无法推荐军队的任何其他指挥官担任你现在的职务,而且我相信,作为一个诚实的人,一个奥地利大公国的好公民,你不会让我们陷入困境。"玛丽亚·特蕾莎并非只用言语表达此愿望,她还赠给利奥波德·约瑟夫·冯·道恩伯爵及其后代一笔可观的财富,同时附上了情真意切、言辞诚恳的信。事实上,玛丽亚·特蕾莎对陆军元帅利奥波德·约瑟夫·冯·道恩伯爵的信心从未动摇过,即使是在1759年的战争中也丝毫没有动摇。当时,腓特烈大帝自己也承认,除了给予政变的恩惠,盟军什么也没做。然而,因为过度谨慎,利奥波德·约瑟夫·冯·道恩伯爵没有发挥出应有的作用,所以最后取得的所有成功都无实际意义。希尔德伯格豪森公爵约瑟夫·玛丽亚·弗雷德里克·威廉已从神圣罗马帝国军队中退出,之后住在维也纳,成了坦率的批评家。希尔德伯格豪森公爵约瑟夫·玛丽亚·弗雷德里克·威廉就此问题给玛丽亚·特蕾莎写了一封言辞激烈的信。玛丽亚·特蕾莎在信上做了亲笔批注:"如果利奥波德·约瑟夫·冯·道恩伯爵有更得力的助手,那他无疑会成为一个更伟大的人。"

1758年的战争虽然没有取得很大的成果,但没有给盟军带来灾难性的后果,至少标志着法兰西王国军队不再节节败退。但贝尼斯神父还没有摆脱失败的阴影,仍在极力向维也纳宫廷证明恢复和平的必要性。考尼茨-里特贝格伯爵·文策尔·安东不得不对其表示同情,同时恳请再进行一次战役,希望战役的胜利能阻止必然成为耻辱的和平。贝尼斯神父在维也纳的代表斯坦维尔侯爵艾蒂安·弗朗索瓦如实表述了贝尼斯神父怯懦的提议,此论点甚至受到广泛推崇。但斯坦维尔侯爵艾蒂安·弗朗索瓦自己的意见却与收到的指示并不一致。他听取了考尼茨-里特贝格伯爵·文策尔·安东的答复,对其勇敢表示赞赏,同时写了一封信,强烈建议不管战争的进程如何,都要维持新同盟的制度。斯坦维尔侯爵艾蒂安·弗朗索瓦的态度给了奥地利大公国宫廷很大鼓舞,因为奥地利大公国宫廷一直害怕贝尼斯神父的政策会摇摆不定。这时,路易十五给了斯坦维尔侯爵艾蒂安·弗朗索瓦一个显赫的皇家恩宠,封其为舒瓦瑟尔公爵,同时召其到巴黎处理外交事务,这似乎表明路易十五对奥地利大公国的友谊仍然坚贞不渝。然而,事实证明,此次变动并没有预期的那么令人满意。这位新部长自信而强硬,与前部长的犹豫不决形成了鲜明对比。事实证明,与舒尔瓦瑟公爵艾蒂安·弗朗索瓦进行谈判更加容易。无论在什么问题上,舒尔瓦瑟公爵艾蒂安·弗朗索瓦都有自己的想法,并且对自己提出的问题都有清晰的思路。然而,使考尼茨−里特贝格伯爵·文策尔·安东吃惊的是,舒尔瓦瑟公爵艾蒂安·弗朗索瓦担任部长后改变了对局势和新条约的看法,与之前他向奥地利大公国宫廷表达的并不完全一致。舒尔瓦瑟公爵艾蒂安·弗朗索瓦的民族荣誉感很强,他不会让自己的国家被盟友拖入更深的困境。舒尔瓦瑟公爵艾蒂安·弗朗索瓦认为自己有义务对目前所持的立场负责,并且承认贝尼斯神父当时宣布不可能兑现承诺的行为是正确的。因此,舒尔瓦瑟公爵艾蒂安·弗朗索瓦马上着手工作,并且成功地安排了一个新条约。新条约不仅大大降低了法兰西王国对奥地利大公国的补贴,而且修改了《凡尔赛条约》的条款,清楚表明了抵抗普鲁士王国产生的影响。重新征服西里西亚的可能性确实仍在考虑之中,奥地利大公国和法兰西王国保证,如果条件允许,除了将财产归还萨克森选帝侯弗里德里希·奥古斯特二世,还应争取得到一些赔偿。如果玛丽亚·特蕾莎能成功地从腓特烈大帝手中夺取领土,那么两国的战利品就会得到保证。此外,法兰西王国还可以得到一部分割让的领土。但再也没有人提到之前的大交易,也没有人提到在低地国家拥立一个法兰西王国王储的事,更没有人提到法兰西王国要以何种方式收回失去的省份。成功的确定性完全消失了。以前的安排只能视情况而定了。

为了诱使法兰西王国官廷同意这个条约,奥地利大公国有必要向法兰西王国提供一些实际利益。路易十五为女婿帕尔马大公腓力争取低地国家的愿望难以得到满足,但他对家庭的另一种愿望得到了满足。虽然那不勒斯国王的大女儿早已与约瑟夫大公缔结婚约,但奥地利大公国官廷仍然同意冒着婚约被解除的危险与那不勒斯国王卡洛七世展开谈判,因为法兰西王国建议约瑟夫大公应该与帕尔马的伊莎贝拉①订婚。这样一来,即使帕尔马的伊莎贝拉的母亲路易

---

① 帕尔马的伊莎贝拉的母亲路易丝·伊丽莎白是路易十五最宠爱的女儿。——原注

丝·伊丽莎白不能统治荷兰，那么帕尔马的伊莎贝拉也有望成为哈布斯堡王朝约瑟夫大公的妻子、神圣罗马帝国的皇后。最后，玛丽亚·特蕾莎的次子查理大公代替哥哥约瑟夫大公与那不勒斯国王的大女儿结婚。托斯卡纳成了一个对那不勒斯有利的半独立属地。至此，那不勒斯宫廷才平息了愤怒。虽然考尼茨-里特贝格伯爵·文策尔·安东素来不谦逊，但他羞于以政治需要为借口接近那不勒斯国王卡洛七世。考尼茨-里特贝格伯爵·文策尔·安东被迫根据约瑟夫大公的意愿改变结婚人选。玛丽亚·特蕾莎完全不赞成这种做法。

玛丽亚·特蕾莎认为不应该因国家利益而牺牲约瑟夫大公的婚姻。约瑟夫大公受过良好教育，玛丽亚·特蕾莎不应该以联姻换取结盟，结盟应是议会着力解决的事。玛丽亚·特蕾莎也不赞成将任何一块领土割让出去。但像往常一样，因为考尼茨-里特贝格伯爵·文策尔·安东的劝说和国家的需要，玛丽亚·特蕾莎再次放弃了自己真实的想法。

1759年的战役在某些方面被认为是这场战争中最关键的战役，在某种程度上，它与之前的战役有所不同。

到目前为止，腓特烈大帝的行动没有干扰盟军制订作战计划。不屈不挠的对手画出了路线。盟军被迫依据此路线制订计划。但腓特烈大帝的资源本就不足以支持他达到他预期的结果，况且现在资源又大大减少了。盟军现在的任务是为自己选择有利的战争策略，但做出决定并非易事。法兰西王国和俄罗斯帝国的利益与愿望完全不同。很显然，双方都希望奥地利大公国的将军们采取行动，希望奥地利大公国军队同自己的行动相配合。对于法兰西王国而言，老盟友萨克森的命运也极其重要。因此，在凡尔赛宫廷提出的计划中，奥地利大公国军队的主要任务是与从莱茵河前进的法兰西王国军队密切合作，重新征服萨克森。对于俄罗斯帝国而言，西里西亚和劳西茨的主力军队立即与俄罗斯帝国军队汇合，从而自下奥德河穿越波兰，这样行动似乎会达成更好的结果。可想而知，奥地利大公国签署了修订后的条约，与法兰西王国恢复了最亲密的友好关系。虽然法兰西王国对奥地利大公国有着决定性影响，但最终决定权必然落在玛丽亚·特蕾莎手中，而玛丽亚·特蕾莎则完全支持俄罗斯帝国的观点。

帕尔马的伊莎贝拉

路易丝·伊丽莎白

重新征服西里西亚是玛丽亚·特蕾莎所有行动的真正目的。俄罗斯帝国似乎对此做出了承诺，这很可能促使玛丽亚·特蕾莎支持俄罗斯帝国的观点，但玛丽亚·特蕾莎的信中表示她做此决定还有其他原因，她看到了《凡尔赛条约》中政策的真正弱点，并且强烈怀疑法兰西王国是否会为奥地利大公国提供真正全心全意的援助。

修订后的《凡尔赛条约》并没有打消玛丽亚·特蕾莎的顾虑。玛丽亚·特蕾莎认为，如果奥地利大公国想要获得实质性优势，那就必须寻求与俄罗斯帝国的合作。玛丽亚·特蕾莎逐渐意识到，无论是与法兰西王国，还是与大不列颠王国结盟，它们之间的竞争都太激烈了，不管奥地利大公国与哪个国家结盟，它们都不会忽视自身的利益。如果不是因为盲目仇恨大不列颠王国和普鲁士王国，那么玛丽亚·特蕾莎早就可以明白这些道理。无论各国在欧洲结成什么样的联盟，本国利益始终都高于联盟利益。各国既要顾忌联盟利益，又要考虑本国利益，没有什么可以改变战争的双重性，正如现在一样。

达成任何明确的行动计划都需要进行讨论，加上奥地利大公国指挥官本来就行动缓慢，因此，行动推迟到1759年年底才开始执行。计划规定由利奥波德·约瑟夫·冯·道恩伯爵直接指挥奥地利大公国主要军队在西里西亚执行任务。如果能得到法兰西王国盟友的支持，那么神圣罗马帝国的军队将留在萨克森作战。陆军元帅利奥波德·约瑟夫·冯·道恩伯爵在战斗一开始就表现得十分娴熟，他采用一贯的拖延战术，将腓特烈大帝困在西里西亚的边界上，同时派出了一支由恩斯特·吉迪恩·冯·劳东和安德拉什·哈迪克·德·福塔克指挥的重要分队。该分队奉命加入从波兹南向前挺进的俄罗斯帝国军队，之后从腓特烈大帝的后方发起攻击。这支队伍的派遣安排十分得当，最终结果却不得而知。但腓特烈大帝得到了俄罗斯帝国进军的消息。腓特烈大帝处境的危险不言而明。起初，因为不愿意弃守西里西亚，腓特烈大帝便派在勃兰登堡、多纳韦德尔的将军们来对付俄罗斯帝国军队。1759年7月23日，普鲁士王国军队在卡伊战役中战败。腓特烈大帝也发现了奥地利大公国特遣队的目的。此时，腓特烈大帝所要做的最重要的事就是阻止从东部挺进的敌方军队会合，以防它们会合之后难以阻挡。腓特烈大帝匆忙解散了施姆特塞芬营地的军队，开始着手抵抗东部的奥地利大公国和俄罗斯帝国联军。但恩斯特·吉迪恩·冯·劳东与腓特烈大帝的速度和决断力几乎不相上下，这导致腓特烈大帝的追击无济于事。恩斯特·吉迪恩·冯·劳东将安德拉什·哈迪克·德·福塔克抛在了身后，率领两万人继续向前行进，赶到了腓特烈大帝前面，躲过了腓特烈大帝的追击。当腓特烈大帝到达奥德河畔的法兰克福时，腓特烈大帝发现奥地利大公国的两支军队已经会合，而俄罗斯帝国和奥地利大公国的联军也已经在河对岸的库勒斯道夫高地上占领了阵地。腓特烈大帝觉得有必要对军队进行部署，于是率军穿过奥德河，来到俄罗斯帝国阵地前方，发动全部兵力向其右翼进攻。普鲁士王国军队的首次进攻取得成功后，俄罗斯帝国军队开始沿山脊向西撤退。普鲁士王国军队似乎胜利在望，但俄罗斯帝国军队向来以顽强著称，最终抵挡住了腓特烈大帝的进攻。恩

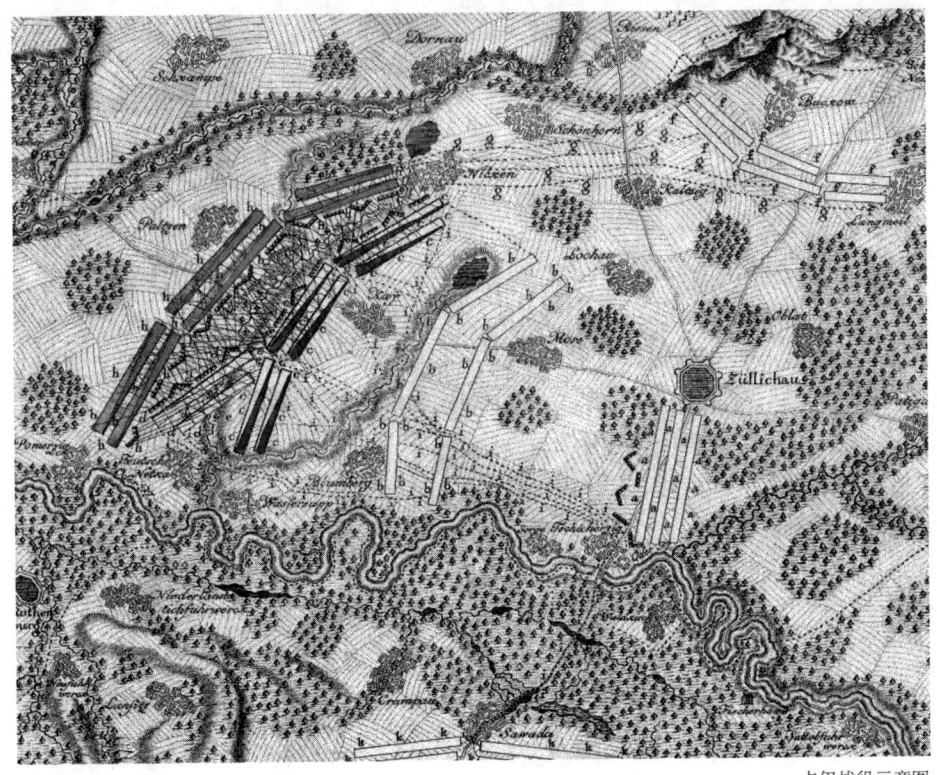

卡伊战役示意图

库勒斯道夫战役,普军战败

斯特·吉迪恩·冯·劳东带领新兵的到来改变了当时的战况。奥地利大公国收复了失去的阵地,而普鲁士王国军队则显然已于1759年8月12日在库勒斯道夫战役中彻底溃败。

这次战败沉重打击了普鲁士王国,似乎也击垮了腓特烈大帝。腓特烈大帝陷入了绝望,他将军队转交给弟弟弗雷德里克·亨利·路易亲王指挥,甚至还想结束生命,他此时几乎处于孤立无援的境地。因为普鲁士王国没能挡住俄罗斯帝国的进攻,弗雷德里克·亨利·路易亲王被迫占据了腓特烈大帝之前向北进军的位置。但该位置在利奥波德·约瑟夫·冯·道恩伯爵的面前完全没有优势,而萨克森则几乎全军覆没了。在这边,奥地利大公国军队几乎没有遇到任何抵抗,便征服了一座又一座堡垒。而征服德累斯顿则是奥地利大公国最辉煌的胜利。腓特烈大帝的绝望是短暂的。四天后,腓特烈大帝恢复了精力。如果德累斯顿的将军知道此事,那他将从腓特烈大帝手中救出首都增援军队。虽然普鲁士王国的主要目的是拯救这座城市,但到目前为止,普鲁士王国仍然能够收回它在萨克森失去的一切，同时完全树立自己在那里的权威。利奥波德·约瑟夫·冯·道恩伯爵被迫带领西里西亚军队反抗普鲁士王国军队。胜利的俄罗斯帝国应该充分利用腓特烈大帝，这是协同计划的必要组成部分。然而，虽然利奥波德·约瑟夫·冯·道恩伯爵一再恳求，但俄罗斯帝国还是拒绝采取有力行动。腓特烈大帝留下保卫萨克森，当弗雷德里克·亨利·路易亲王率领其军队从西里西亚出发，与腓特烈大帝会合时，这场战役的结局完全改变了。利奥波德·约瑟夫·冯·道恩伯爵无法像往常一样利用人数优势，因而不得不慢慢退回波希米亚。腓特烈大帝不满利奥波德·约瑟夫·冯·道恩伯爵安然撤退，便派弗里德里希·奥古斯特·冯·芬克将军带领一支一万两千人的军团驻扎在德累斯顿南部山区的马克森，干扰奥地利大公国军队的撤退。如果利奥波德·约瑟夫·冯·道恩伯爵有足够的勇气发起攻击，那么这么小的军团是不可能取得胜利的。弗里德里希·奥古斯特·冯·芬克将军似乎对腓特烈大帝一些考虑不周的话有所误解，因而不得不依靠自己的判断力。当陆军元帅利奥波德·约瑟夫·冯·道恩伯爵和奥地利大公国军队包围弗里德里希·奥古斯特·冯·芬克将军率领的军团时，弗里德里希·奥古斯特·冯·芬克将军决定坚守阵地。战事在所难免。弗里德里希·奥古斯特·冯·芬克将军进行了英勇的抵抗，但在被奥地利大公国强大的军队包围之后，他还是不得不放弃军队所剩下的一切。而德累斯顿及邻近地区仍掌握在普鲁士王国与大不列颠王国联军手中。

　　这次小小的胜利虽然为奥地利大公国赢得了无上荣光，但并不完全令人满意，因为这还不足以彻底消灭腓特烈大帝。在此过程中，利奥波德·约瑟夫·冯·道恩伯爵扮演的角色十分重要。虽然是俄罗斯帝国的行动挫败了他的计划，但利奥波德·约瑟夫·冯·道恩伯爵要对自己的无动于衷负很大责任。利奥波德·约瑟夫·冯·道恩伯爵总是表现得十分迟钝，这使俄罗斯帝国非常厌恶。俄罗斯帝国注意到奥地利大公国军队两次击败了令人胆战心惊的普鲁士王国军队，但利奥波德·约瑟夫·冯·道恩伯爵指挥的强大军队并没有取得什么战果，这使俄罗斯帝国无法相信奥地利大公国盟友的任何积极合作，也唯恐战争的全部重担都落在俄罗斯帝国身上。1759年8月1日，不伦瑞克-沃尔芬比特尔的斐迪南

明登战役

公爵在明登战胜了法兰西王国军队。这次事件无疑也导致了法兰西王国战役的失败。法兰西王国军队虽然不如腓特烈大帝的军队强大,但在奥地利大公国军队的帮助下击败腓特烈大帝并非难事。马克森的问题在政治层面更加重要。该问题再次推迟了联盟的解体,同时延缓了法兰西王国宫廷恢复和平的进程。更重要的是,奥地利大公国的对手在1759年的秋天也开始认识到长期战争的无用性,并且逐渐产生了恢复和平的想法。大不列颠国王乔治二世和腓特烈大帝曾通过不伦瑞克的路易从中斡旋,将一份赞成召开大会的联合声明交到法兰西王国、奥地利大公国和俄罗斯帝国驻海牙大使的手中。这一提议有许多可取之处,而且这一想法有可能被普遍接受。维也纳宫廷和圣彼得堡宫廷最后相互指责对方在战役后期的失误。法兰西王国因海战疲惫不堪,已经在寻求西班牙王国介入另一项条约。联盟似乎正在解体,奥地利大公国获得有利条件的最大希望很可能要寄托在解决欧洲问题的统一方案上。目前,维也纳的政治家们尚未接受这一观点。奥地利大公国虽然做事优柔寡断,取得的成功微不足道,但仍然取得了胜利。奥地利大公国宫廷认为,在遭受重大损失之后,普鲁士王国的资源已经不足以支撑时间更长的战役。奥地利大公国宫廷还知道威廉·皮特已经明确表示,即使召开国会，他也不会区别对待战争双方。上述这些安排将主要取决于各国在战争中取得的优势。法兰西王国曾在战争中遭到大不列颠王国重创。考尼茨–里特贝格伯爵·文策尔·安东担心如果奥地利大公国要获得总体平衡，那么其成功便会因为法兰西王国的损失遭到抵消。考尼茨–里特贝格伯爵·文策尔·安东既不能从法兰西王国外交大臣安东尼·路易·鲁耶的话语中确定法兰西王国是否会采取威廉·皮特的政策，也无法利用奥地利大公国的成功为法兰西王国争取更好的条件。考尼茨–里特贝格伯爵·文策尔·安东决定暂时先拒绝召开大会，但他担心公开宣布这一决定会使整个欧洲感到震惊，因为这意味着战争将无限期延长。因此，考尼茨–里特贝格伯爵·文策尔·安东没有明确表达此观点，而是运用所有外交力量将召开大会的时间推迟到新战役开始之前。这样一来，奥地利大公国至少可以再得到一次取得巨大成功的机会。但事实上，考尼茨–里特贝格伯爵·文策尔·安东有些白费功夫。考尼茨–里特贝格伯爵·文策尔·安东没有期待国会召开的真正理由。但舒尔瓦瑟公爵艾蒂安·弗朗索瓦只是计划和腓特烈大帝斡旋，同时致力于同大不列颠王国签订单独的和平协议。俄罗斯帝国女沙皇伊丽莎白·彼得罗芙娜虽然因奥地利大公国军事合作的迟缓而感到愤怒，但她不希望通过对普鲁士王国卑躬屈膝，来实现对自己非常有利的和平。

然而，如果大会结果与考尼茨–里特贝格伯爵·文策尔·安东的设想不同，那么拖延会议召开将是白费功夫，而维持联盟也将耗费很大力气。为了表明自己忠于约定的决心，俄罗斯帝国女沙皇伊丽莎白·彼得罗芙娜要求签订一项新条约，她深知奥地利大公国需要自己在这方面的合作，所以决定以此谋求最高利益。战争初期，两国签订条约，规定将东普鲁士交给奥地利大公国，如今该条约被抛在了一边。俄罗斯帝国女沙皇伊丽莎白·彼得罗芙娜现在要求俄罗斯帝国的军队长期驻扎在该地区，以确保该地区的和平。

根据修订后的《法兰西王国条约》的一项条款规定，在没有完全告知同盟国的情况下，缔约双方不得同其他国家进行接触。这样一来，法兰西王国很难允许俄罗斯帝国进行大规模扩张，因为这将威胁法兰西王国在欧洲东北部的影响力。很明显，玛丽亚·特蕾莎在法兰西王国不知情的情况下与俄罗斯帝国签订了条约。考尼茨-里特贝格伯爵·文策尔·安东对与俄罗斯帝国缔结单独条约一事深感担忧，但依然尊重了玛丽亚·特蕾莎的想法，指示大使将此事告知了法兰西王国，同时充分付出了他所能做的一切努力。舒尔瓦瑟公爵艾蒂安·弗朗索瓦的巧妙处理使考尼茨-里特贝格伯爵·文策尔·安东避免了尴尬。法兰西王国外交大臣安东尼·路易·鲁耶现在无暇顾及奥地利大公国。舒尔瓦瑟公爵艾蒂安·弗朗索瓦正忙于与大不列颠王国谈判，所以没有过多顾及奥地利大公国与俄罗斯帝国缔结条约一事。奥地利大公国就此克服了这一困难。

到1760年年初，考尼茨-里特贝格伯爵·文策尔·安东已经足以为自己取得的外交成就感到自豪，因为他巧妙地阻止了联盟破裂。对他来说，大会也不再是一个巨大阻碍。奥地利大公国准备与两大盟友并肩加入新的战役，这是新订条约所产生的必然结果。

第 8 章

七年战争

（1760—1763）

精彩看点

弗朗茨·莫里斯·冯·拉齐和恩斯特·吉迪恩·冯·劳东——冲动的玛丽亚·特蕾莎——普鲁士王国军队在兰茨胡特战败——腓特烈大帝向利奥波德·约瑟夫·冯·道恩伯爵发起进攻——考尼茨-里特贝格伯爵·文策尔·安东敦促召开大会——恩斯特·吉迪恩·冯·劳东占领施韦德尼茨——俄罗斯帝国女沙皇伊丽莎白·彼得罗芙娜驾崩——战争进程不顺利——威廉·皮特被免职——奥地利大公国陷入困境——七年战争对玛丽亚·特蕾莎的影响

将军和军队成员整个冬天都忙于讨论战事发展，但这些讨论冗长而迂腐，致使玛丽亚·特蕾莎不得不自己想对策。

在后来的战役中，奥地利大公国两名指挥官——弗朗茨·莫里斯·冯·拉齐①和恩斯特·吉迪恩·冯·劳东逐渐提高了自己的作战水平。二人虽然略微缺乏经验，但具备不同的性格和能力。弗朗茨·莫里斯·冯·拉齐出身高贵，受过良好的教育，是人们心中的战略家。弗朗茨·莫里斯·冯·拉齐得到了陆军元帅利奥波德·约瑟夫·冯·道恩伯爵的支持，如今已成为他的得力助手。弗朗茨·莫里斯·冯·拉齐的建议科学而谨慎，与利奥波德·约瑟夫·冯·道恩伯爵独特的天资相得益彰。因此，利奥波德·约瑟夫·冯·道恩伯爵可以委派弗朗茨·莫里斯·冯·拉齐执行迅速而大胆的计划。恩斯特·吉迪恩·冯·劳东出身不甚显赫，只比普通士兵略微富有，但他善于运用战术，能够用勇气和进攻激励军队，具备奥地利大公国军队十分需要的能力。

作为恩斯特·吉迪恩·冯·劳东的坚定支持者，考尼茨-里特贝格伯爵·文策尔·安东参与了所有支持战争的讨论。利奥波德·约瑟夫·冯·道恩伯爵不主张继续作战，他认为战争导致军队毫无生气，同时不断威胁着考尼茨-里特贝格伯爵·文策尔·安东钟爱的政治计划。弗朗茨·莫里斯·冯·拉齐和恩斯特·吉迪

---

① 弗朗茨·莫里斯·冯·拉齐，奥地利著名的陆军元帅，在玛丽亚·特蕾莎统治时期任职，是神圣罗马帝国皇帝约瑟夫二世的密友。

弗朗茨·莫里斯·冯·拉齐

恩·冯·劳东之间的竞争十分激烈，但因为在军中地位较低，年长的将军们又嫉妒二人的能力，所以他们都无法担任总司令。

军事讨论的重点是行动计划。弗朗茨·莫里斯·冯·拉齐似乎对本国士兵在实战中技不如人的现象感到震惊，而且也没有与俄罗斯帝国合作的热情。弗朗茨·莫里斯·冯·拉齐敦促奥地利大公国在萨克森发起一场防御性战争，利用人数优势有效打击普鲁士王国小规模军队的扩张。恩斯特·吉迪恩·冯·劳东则要求立即在西里西亚发起有力的进攻，同时在奥地利大公国将军的直接指挥下与一支强大的俄罗斯帝国军队展开合作。

玛丽亚·特蕾莎容易冲动，因而倾向于赞成恩斯特·吉迪恩·冯·劳东的做法。玛丽亚·特蕾莎不得不承认，虽然奥地利大公国在马克森取得了成功，但利奥波德·约瑟夫·冯·道恩伯爵缺乏进取心，结果浪费了上次战役中的大好机会。但玛丽亚·特蕾莎一如既往地信任老朋友，她绝不会收走利奥波德·约瑟夫·冯·道恩伯爵的指挥权。最终,玛丽亚·特蕾莎决定采取折中的办法,即让陆军元帅利奥波德·约瑟夫·冯·道恩伯爵留在萨克森与普鲁士王国军队作战,而恩斯特·吉迪恩·冯·劳东则率领西里西亚的第二支军队作战。在西里西亚,恩斯特·吉迪恩·冯·劳东可以不受约束地执行任务,实施积极的作战计划。

恩斯特·吉迪恩·冯·劳东一开始只能单独行动,因为俄罗斯帝国认为奥地利大公国一直无视自己的存在。恩斯特·吉迪恩·冯·劳东既未能通过交涉取得俄罗斯帝国的信任,也没能消除俄罗斯帝国对奥地利大公国将军无能的顾忌,但即便如此,他也做到了不负众望。

海因里希·奥古斯特·德·拉莫特·富凯将军率领的普鲁士王国军队在兰茨胡特战败。兰茨胡特是格拉茨的要塞,直通西里西亚入口。在向布雷斯劳快速

海因里希·奥古斯特·德·拉莫特·富凯

行军的过程中,恩斯特·吉迪恩·冯·劳东希望那些看到奥地利大公国军队勇往直前的俄罗斯帝国士兵加入自己的队伍。此时,战役帷幕已经拉开。

然而,恩斯特·吉迪恩·冯·劳东的好运就此停住了。弗雷德里克·亨利·路易亲王突然采取行动,从恩斯特·吉迪恩·冯·劳东手中夺走了布雷斯劳。但恩斯特·吉迪恩·冯·劳东的进攻似乎十分具有威胁性,致使腓特烈大帝觉得有必要亲自率领萨克森军队前去拯救西里西亚。

利奥波德·约瑟夫·冯·道恩伯爵和弗朗茨·莫里斯·冯·拉齐的军队紧随其后,导致腓特烈大帝无法与弟弟弗雷德里克·亨利·路易亲王的军队会合。腓特烈大帝的前进似乎面临着无法避免的毁灭。但像往常一样,陆军元帅利奥波德·约瑟夫·冯·道恩伯爵的出现使奥地利大公国军队遭受了致命一击。玛丽亚·特蕾莎要求利奥波德·约瑟夫·冯·道恩伯爵在最后必须果断使用优势兵力,但该要求没有发挥作用。玛丽亚·特蕾莎那些急躁而频繁的信似乎也无法使利奥波德·约瑟夫·冯·道恩伯爵放弃拖延战术。

最后,1760年8月15日,当奥地利大公国军队驻扎在利格尼茨附近时,陆军元帅利奥波德·约瑟夫·冯·道恩伯爵决定尝试发起三次进攻。恩斯特·吉迪恩·冯·劳东的任务是占领里格尼茨北部和东部的一系列高地,从而切断腓特烈大帝与弟弟弗雷德里克·亨利·路易亲王的联系。夜深人静,恩斯特·吉迪恩·冯·劳东离开营地,继续执行他的任务。令恩斯特·吉迪恩·冯·劳东感到惊讶的是,腓特烈大帝和普鲁士王国军队已经占领了高地。虽然恩斯特·吉迪恩·冯·劳东坚持进攻,并且在进攻中表现出了熟练的作战技巧和顽强的毅力,但普鲁士王国军队不仅实力较强,而且占据了有利位置。因此,恩斯特·吉迪恩·冯·劳东的战败是必然的。

虽然利奥波德·约瑟夫·冯·道恩伯爵和弗朗茨·莫里斯·冯·拉齐的军队在战斗中相对安稳,但二人并未采取任何行动来拯救陷入困境中的朋友,这种做法在当时十分普遍。人们对利奥波德·约瑟夫·冯·道恩伯爵和弗朗茨·莫里斯·冯·拉齐的行为感到既惊讶又愤怒。随之而来的是激烈的相互指责。公众无不认为利奥波德·约瑟夫·冯·道恩伯爵和弗朗茨·莫里斯·冯·拉齐之所以这样做是出于嫉妒。在公众的强烈抗议中,玛丽亚·特蕾莎的处境变得非常艰难。和考尼茨-里特贝格伯爵·文策尔·安东一样,玛丽亚·特蕾莎十分同情,也十分理解恩斯特·吉迪恩·冯·劳东,但她不可能将利奥波德·约瑟夫·冯·道恩伯爵的性格问题归因于个人嫉妒。

玛丽亚·特蕾莎很机智地解决了这个问题。在写给陆军元帅利奥波德·约瑟夫·冯·道恩伯爵的信中,玛丽亚·特蕾莎表达了自己坚定不移的信任。同时,在写给恩斯特·吉迪恩·冯·劳东的信中,玛丽亚·特蕾莎则表达了自己的鼓励与安慰,并向恩斯特·吉迪恩·冯·劳东保证将继续给予他恩惠。但玛丽亚·特蕾莎实际上赋予了恩斯特·吉迪恩·冯·劳东独立的权力,只是在形式上要求恩斯特·吉迪恩·冯·劳东向总司令阐明计划。就西里西亚而言,利格尼茨战役有弊无利。俄罗斯帝国军队立刻退回到了本国领土。而奥地利大公国军队则只

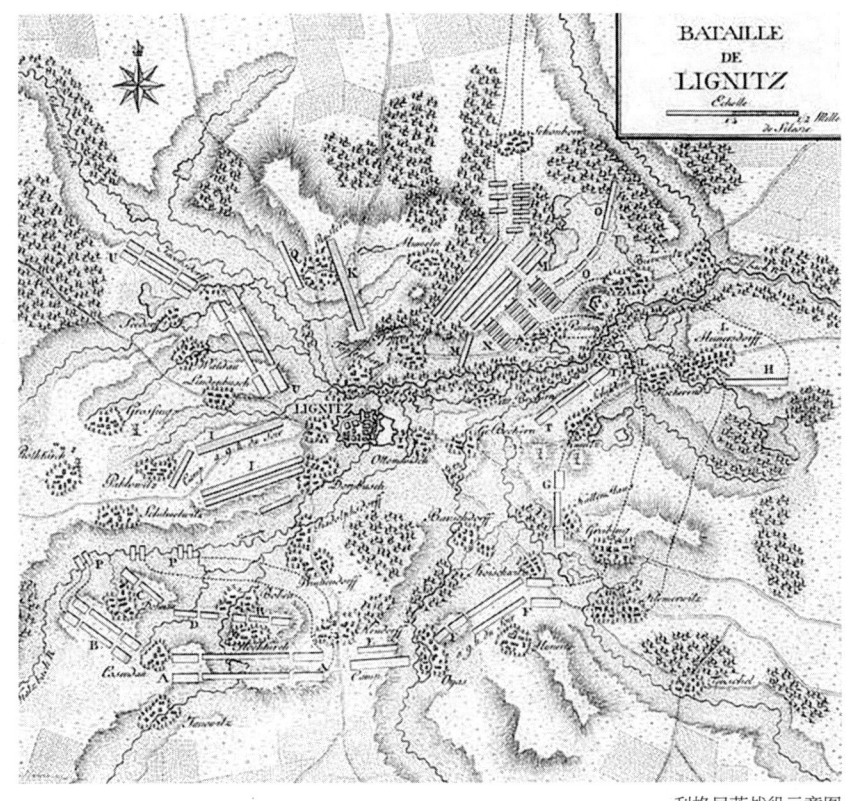

利格尼茨战役示意图

满足于占领格拉茨。但萨克森仍然为积极的军事行动提供了可能战场。几周以来，利奥波德·约瑟夫·冯·道恩伯爵和腓特烈大帝在西里西亚隔山相望。腓特烈大帝的行动将逐渐迫使陆军元帅利奥波德·约瑟夫·冯·道恩伯爵撤退并结束战役。现在，轮到弗朗茨·莫里斯·冯·拉齐为战争指明方向了。弗朗茨·莫里斯·冯·拉齐率领一万五千人离开了利奥波德·约瑟夫·冯·道恩伯爵的军队，之后直奔柏林。与此同时，俄罗斯帝国的军队也正在缓慢地穿过勃兰登堡。这次袭击相对来说成功了。在俄罗斯帝国军队占领这座城市之后，弗朗茨·莫里斯·冯·拉齐在此与它们会合了。腓特烈大帝的威望受到了沉重打击。虽然占领首都本身对战争没有什么影响，但它似乎为未来取得更大成功开辟了道路。腓特烈大帝不得不立刻向北行进。因此，利奥波德·约瑟夫·冯·道恩伯爵摆脱了困扰已久的压力，转移到了萨克森。虽然西里西亚不会再发生什么变化，但波兰国王奥古斯特三世仍有机会恢复其竞选帝位的资格。这个国家被攻占之后，堡垒一座接一座地倒塌。最终，利奥波德·约瑟夫·冯·道恩伯爵在位于德累斯顿以北、易北河左岸的托尔高站稳了脚跟。人们认为利奥波德·约瑟夫·冯·道恩伯爵攻势强劲，势在必得，但成功的希望又一次破灭了。虽然困难重重，但腓特烈大帝还是不肯向萨克森投降，他决定向利奥波德·约瑟夫·冯·道恩伯爵发起进攻。1760年11月3日的这场战役是七年战争中最血腥的战役之一。此次战役中的种种事件令人震惊。奥地利大公国占领了一座向西延伸、与河流成直角的山脊。腓特烈大帝认为，要想将奥地利大公国军队赶出去，就必须从山脊的南侧和北侧同时发动两次进攻。当两方不能完全交流时，双面攻击必然十分关键，尤其在这种情况下。腓特烈大帝亲自指挥进攻北侧的军队。军队不得不横穿山脊西端，越过一片崎岖不平的林地。腓特烈大帝突然发现自己只带了一部分军队来对抗对手。与此同时，大炮轰鸣声表明对山脊南侧的进攻已经开始了。此次进攻是由汉斯·约阿希姆·冯·齐滕负责的。事实上，汉斯·约阿希姆·冯·齐滕改变了腓特烈大帝安排的行军路线，结果卷进了一场毫无用处的行动中，但这丝毫影响不了他们要进攻的阵地。腓特烈大帝不知道汉斯·约阿希姆·冯·齐滕走错了路线，因为急于从山脊两侧同时发动进攻，他决心用现有的军队开始战斗。

汉斯·约阿希姆·冯·齐滕

腓特烈大帝三次进攻奥地利大公国阵地,耗费了极大的精力,付出了巨大代价,但最后都失败了。腓特烈大帝开始退缩,他认为自己大势已去。利奥波德·约瑟夫·冯·道恩伯爵因受伤离开了战场,但当他得知腓特烈大帝在撤退时,便立即向维也纳发出了自己获胜的消息。信使刚出发,战斗在夜幕降临时又突然爆发了。汉斯·约阿希姆·冯·齐滕终于找到了正确的方向,开始从山脊南侧发起猛烈进攻。驻扎在战场附近的普鲁士王国军队又拿起了武器,攻占了一座对阵地至关重要的小山,迫使奥地利大公国军队再次退回到了易北河。利奥波德·约瑟夫·冯·道恩伯爵和将军们设法渡过了河。虽然他们没有彻底溃败,但战场已经完全被普鲁士王国军队掌控了。

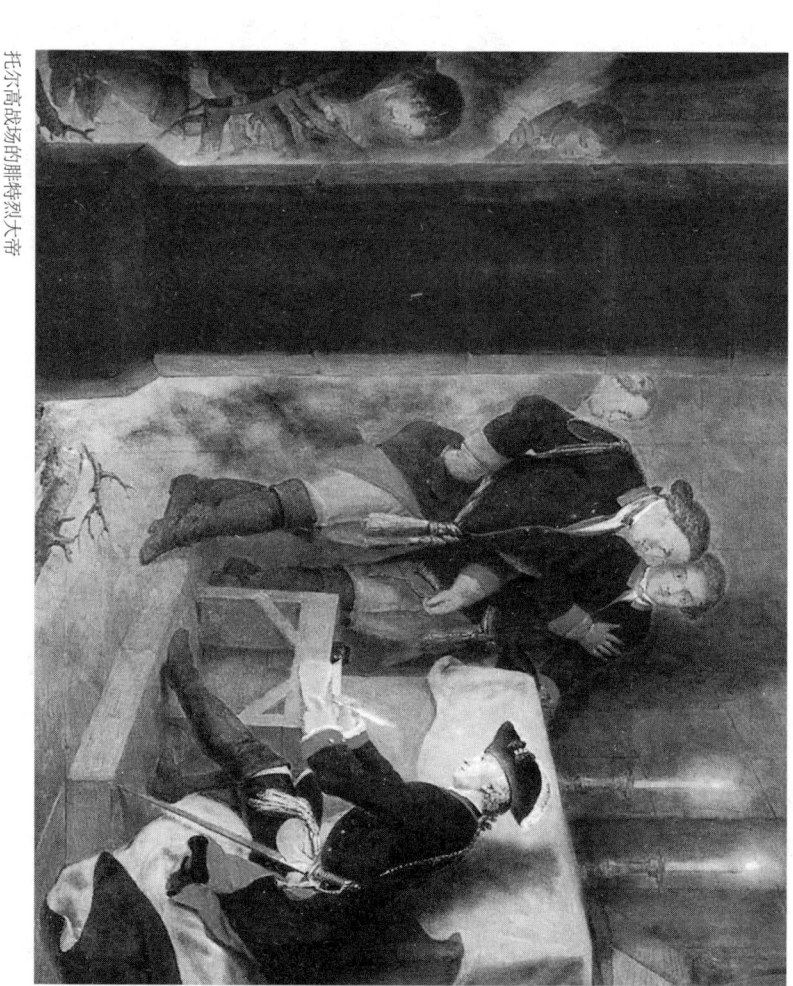

托尔高战场的腓特烈大帝

托尔高战场的腓特烈大帝

战事变化的消息立刻传到了维也纳,但信使不能私自决定不传递胜利的消息。在距维也纳两英里①外的地方,利奥波德·约瑟夫·冯·道恩伯爵的第一个信使停了下来,将胜利的好消息告诉了玛丽亚·特蕾莎。玛丽亚·特蕾莎满心欢喜,她按照当时的风俗,吩咐信使和号手组成凯旋队伍将消息带进城里。几个小时后,姗姗来迟的信使带来了当天的真实情况。听到消息后,所有人的反应都很震惊。虽然两军损失相当,但弗朗茨·莫里斯·冯·拉齐带领军队在河左岸巧妙地进行了撤退,这使人多少感到一些安慰。直到陆军元帅利奥波德·约瑟夫·冯·道恩伯爵从萨克森撤军,回到德累斯顿附近的老阵地过冬时,人们才认识到这次战败对奥地利大公国的沉重打击。利奥波德·约瑟夫·冯·道恩伯爵十分乐意留在这座城市。一场不断变化的战役确实使双方精疲力竭,但并没有使腓特烈大帝感到屈辱。而使腓特烈大帝感到屈辱,才是奥地利大公国的目标。

双方的疲惫不堪开始发挥战争没有发挥的作用。法兰西王国的反应尤其明显。舒尔瓦瑟公爵艾蒂安·弗朗索瓦本人喜怒无常,容易沮丧,也容易兴奋。当战争局势摇摆不定时,舒尔瓦瑟公爵艾蒂安·弗朗索瓦改变了自己的表达方式。但总的来说,舒尔瓦瑟公爵艾蒂安·弗朗索瓦开始确信和平对法兰西王国的重要性。舒尔瓦瑟公爵艾蒂安·弗朗索瓦不是一个让人能与之愉快共事的外交大臣。考尼茨-里特贝格伯爵·文策尔·安东需要足够的冷静和自制力去适应舒尔瓦瑟公爵艾蒂安·弗朗索瓦的喜怒无常,以确保自己的粗暴语言不会破坏两国之间的友谊。舒尔瓦瑟公爵艾蒂安·弗朗索瓦对利奥波德·约瑟夫·冯·道恩伯爵本人及其对战争的掌控感到十分愤怒。玛丽亚·特蕾莎虽然认为利奥波德·约瑟夫·冯·道恩伯爵不够成功,但仍对他满怀感激。因此,舒尔瓦瑟公爵艾蒂安·弗朗索瓦的指责使玛丽亚·特蕾莎感到愤怒。但考尼茨-里特贝格伯爵·文策尔·安东决心阻止联盟破裂,这是他的重点工作。考尼茨-里特贝格伯爵·文策尔·安东重申了联盟的优势,使玛丽亚·特蕾莎确信有必要维系联盟的存在。同时,他向法兰西王国大使解释了玛丽亚·特蕾莎愤怒的原因,暂时克制了为奥地利大公国提出要求的冲动,并表示不反对体面的和平。

---

① 英制长度单位,一英里约合一千六百零九米。

事实上，考尼茨-里特贝格伯爵·文策尔·安东自己也开始认为和平很有必要，但可能不是他希望的那种和平。考尼茨-里特贝格伯爵·文策尔·安东以谨慎甚至近乎保守的态度提出了五种以上可能的和平形式。最好的结果是，玛丽亚·特蕾莎可以获得西里西亚和格拉茨，并且无须给予法兰西王国同等补偿。同时，玛丽亚·特蕾莎的盟友可以得到适当赔偿。这样一来，普鲁士王国的权力将大大削弱。即使给予法兰西王国同等补偿，结果也仍旧让人满意。如果玛丽亚·特蕾莎能为自己争取到西里西亚的一部分领土，那将是相对和平，而通过给予盟国的赔偿来削弱普鲁士王国实力的计划将不可能实现。如果玛丽亚·特蕾莎只是在自己的领土上增加一小块土地，那么和平将无法让人满意。但最糟糕的事情是维持现状。前两种选择似乎已经超出了玛丽亚·特蕾莎的能力范围。即使是选择相对和平的形式，也需要十分谨慎，因为前一年的谈判已经清楚地表明法兰西王国和大不列颠王国之间存在单独签订条约的可能。考尼茨-里特贝格伯爵·文策尔·安东认为，只有盟国持续合作、战争不断胜利——所以战争必须继续，以及召开某种形式的大会，才能赢得自己期望的和平。因为只有通过这样的大会，盟友和对手的要求才能达成一致，而满足他们的要求必须以普遍的给予和索取为基础。然而，如果有这样的大会，那考尼茨-里特贝格伯爵·文策尔·安东将不会将自己的要求限定在收复西里西亚和格拉茨上。在总体安排上，考尼茨-里特贝格伯爵·文策尔·安东认为可能落到腓特烈大帝手里的安施帕赫和拜罗伊特将会成为勃兰登堡宫廷的私有财产。鉴于巴伐利亚即将没有男性继承人，考尼茨-里特贝格伯爵·文策尔·安东看到了一种可能性，即提出神圣罗马帝国或奥地利大公国的主张，以确保奥地利大公国获得一部分选区。因此，考尼茨-里特贝格伯爵·文策尔·安东坚决反对大不列颠王国和法兰西王国成为首席谈判代表，同时敦促召开大会。考尼茨-里特贝格伯爵·文策尔·安东的建议得到采纳，就连会议地点也已经定在了奥格斯堡。

因为此类大会的筹备、召开都需要很长时间，所以战争至少会再持续一段时间。此时，总指挥人选问题又遇到了一些困难。玛丽亚·特蕾莎像往常一样宽宏大量，即使陆军元帅利奥波德·约瑟夫·冯·道恩伯爵从托尔高战败负伤回来，她也特地去迎接，并且向利奥波德·约瑟夫·冯·道恩伯爵表达了自己的谢意。但利奥波德·约瑟夫·冯·道恩伯爵的失败严重影响了他的声誉。公众和考尼茨-里特贝格伯爵·文策尔·安东不断呼吁任命恩斯特·吉迪恩·冯·劳东为总指挥。弗朗茨·莫里斯·冯·拉齐的游击队并非无所事事。但因为军队前辈不愿意受两位年轻将军的命令，所以有必要重新任命利奥波德·约瑟夫·冯·道恩伯爵为总指挥。然而，利奥波德·约瑟夫·冯·道恩伯爵的优势主要在于名望，而非其扮演的角色。当腓特烈大帝受困于萨克森时，利奥波德·约瑟夫·冯·道恩伯爵奉命全力支援西里西亚进一步扩大战争规模。在那里，恩斯特·吉迪恩·冯·劳东担任总指挥。腓特烈大帝很快便认识到利奥波德·约瑟夫·冯·道恩伯爵只是起着防御性作用，于是急忙离开，在西里西亚迎战更强劲的对手。起初，恩斯特·吉迪恩·冯·劳东让支持者很失望，因为他们所期待的决定性战斗并没有发生。恩斯特·吉迪恩·冯·劳东设法与比特兰元帅率领的俄罗斯帝国军队会合。比特兰元帅同意穿过波兹南援助恩斯特·吉迪恩·冯·劳东。虽然此次会合使恩斯特·吉迪恩·冯·劳东兵力大增，但他还是无法将腓特烈大帝从帮策尔维茨的营地中驱逐出去。该营地是腓特烈大帝亲自建立起来的。此时，俄罗斯帝国已经没有了耐心。俄罗斯帝国主力军向北行进，只剩下切尔尼霍夫率领部分军队与恩斯特·吉迪恩·冯·劳东合作。这场战役似乎将以失败告终，但奥地利大公国的一次胜利改变了这一命运。腓特烈大帝厌倦了被动的不作为，于是他离开要塞，向东行军，希望奥地利大公国军队能像往常一样跟随他的行军路线。但令腓特烈大帝沮丧的是，恩斯特·吉迪恩·冯·劳东不仅放腓特烈大帝走了，而且突然抵达并占领了施韦德尼茨的堡垒和弹药库。这不仅仅是一次辉煌的军事行动，它还带来了一场政治胜利。所有人都认为大会召开在即，而实现和平的条件很大程度上将取决于交战各方目前拥有的领土。此时，维也纳宫廷和腓特烈大帝都认为取得西里西亚的广大领土是最重要的事情。即使遭遇了库勒斯道夫战役的失败，腓特烈大帝的运气也没有很差。

但对玛丽亚·特蕾莎来说，成功来得太晚了。这场旷日持久的战争耗尽了玛丽亚·特蕾莎的资源。虽然将军们强烈抗议，但玛丽亚·特蕾莎还是大幅裁减了军队人数。事实上，自托尔高战役以来，所有交战方都已筋疲力尽，和平已是大势所趋。奥地利大公国宫廷认为，大会将于1761年7月召开，并且将在"领地实际占有权"的基础上批准恢复和平的条件。对奥地利大公国来说，这样的和平是一件好事。腓特烈大帝将不得不放弃格拉茨、施韦德尼茨和西里西亚的一部分领土。整个普鲁士王国仍由俄罗斯帝国、波美拉尼亚、克利夫斯公国和马克郡占领着。

舒尔瓦瑟公爵艾蒂安·弗朗索瓦性格冲动，情绪易变，他对法兰西王国与奥地利大公国之间的纠葛感到愤怒。因此，大会从未真正开始筹划。事实上，人们很可能怀疑舒尔瓦瑟公爵艾蒂安·弗朗索瓦是否真心接受过这个想法。舒尔瓦瑟公爵艾蒂安·弗朗索瓦与其他交战方一样需要和平，但他要求的是与大不列颠王国，而不是与普鲁士王国维持和平。舒尔瓦瑟公爵艾蒂安·弗朗索瓦成功地向大不列颠王国政府提出了建议。随后，双方谈判人员分别前往伦敦和巴黎。在伦敦，谈判并没有取得多大进展，因为威廉·皮特的冷淡态度是一个无法克服的障碍。

在巴黎，大不列颠王国的约翰·斯坦利以非常精明能干的方式赢得了舒尔瓦瑟公爵艾蒂安·弗朗索瓦的好感。双方因此实际制定出了条约条款。1756年《凡尔赛条约》的签订使舒尔瓦瑟公爵艾蒂安·弗朗索瓦实现了自己的目标。施塔尔亨贝格公爵格奥尔格·亚当指出，未经盟国同意，任何新条约都不能签订。奥地利大公国的干预导致大不列颠王国和法兰西王国展开了激烈的外交较量。舒尔瓦瑟公爵艾蒂安·弗朗索瓦言辞激烈，为打破条约限制进行了激烈斗争，但还是不断遭到考尼茨-里特贝格伯爵·文策尔·安东冷酷无情的制约。毋庸置疑，就条约规定的义务而言，奥地利大公国首相考尼茨-里特贝格伯爵·文策尔·安东的行为无可指责。舒尔瓦瑟公爵艾蒂安·弗朗索瓦希望利用盟军征服的领土与大不列颠王国进行有利的交换，完全不顾应履行的义务，没有为被剥夺了继承权的萨克森选帝侯弗里德里希·奥古斯特二世寻求赔偿，甚至曾试图绕过奥地利大公国去缔结条约。但事实上，舒尔瓦瑟公爵艾蒂安·弗朗索瓦的行为完全合理，他认为奥地利大公国无权干预法兰西王国和大不列颠王国的关系，因为这两个国家根本没有卷入普鲁士战争。但现在，大不列颠王国与法兰西王国不得不顾及奥地利大公国的态度。舒尔瓦瑟公爵艾蒂安·弗朗索瓦的观点十分合理，结果考尼茨-里特贝格伯爵·文策尔·安东担心法兰西王国会脱离联盟，从而使自己计划的条约优势全部消失。因此，考尼茨-里特贝格伯爵·文策尔·安东指示施塔尔亨贝格公爵格奥尔格·亚当不要过分强调条约中的规定。他甚至表示，愿意在某些条件下撤回奥地利大公国对单独缔结和平条约的反对权。至于旧条约中要求盟国之间完全信任的条款，则必须得到保留，并且必须得到俄罗斯帝国的同意。事实上，这既是一种单独的和平，也是一种名义上的和平。奥地利大公国和普鲁士王国之间的关系必须完全排除在大会之外，只有这样，一切问题才能在大会上进行公平讨论。大会必须明确指出，法兰西王国和大不列颠王国今后都不应直接或间接地向其盟国提供任何援助。舒尔瓦瑟公爵艾蒂安·弗朗索瓦对大会的安排感到满意，如今，考尼茨-里特贝格伯爵·文策尔·安东的建议已经被列入了正式提案。在威廉·皮特的迫切要求下，上述这些建议现在已经摆在了舒尔瓦瑟公爵艾蒂安·弗朗索瓦面前。

但和平还没有实现。舒尔瓦瑟公爵艾蒂安·弗朗索瓦十分富有创造力，他现在已经在考虑拟定伟大的波旁协约了，他将此视作自己作为外交大臣的最大胜利。舒尔瓦瑟公爵艾蒂安·弗朗索瓦希望将西班牙的某些不满与法兰西王国的某些条款结合起来，给大不列颠王国施加更多压力。威廉·皮特愤怒且傲慢地拒绝了西班牙国王查理二世无礼干涉的行为。舒尔瓦瑟公爵艾蒂安·弗朗索瓦也因此遭到拒绝，但在此之后，他又像往常一样一边倒地投入到与西班牙的谈判中。在新盟友的支持下，舒尔瓦瑟公爵艾蒂安·弗朗索瓦愉快地与大不列颠王国恢复了敌对状态。法兰西王国外交大臣安东尼·路易·鲁耶突然恢复了好战的决心，这让考尼茨-里特贝格伯爵·文策尔·安东大吃一惊，因为他虽然一直在阻止单独条约的签订，但其内心也渴望恢复和平。1762年1月5日，一件更可怕的事情发生了——普鲁士王国的死敌俄罗斯帝国女沙皇伊丽莎白·彼得罗芙娜驾崩了，而继位者则是腓特烈大帝的狂热崇拜者彼得三世。俄罗斯帝国女沙皇伊丽莎白·彼得罗芙娜的驾崩十分蹊跷。考尼茨-里特贝格伯爵·文策尔·安东对此感到怀疑。俄罗斯帝国最高掌权者的改变将使奥地利大公国失去最强大的盟友。俄罗斯帝国女沙皇伊丽莎白·彼得罗芙娜的驾崩对奥地利大公国造成了十分直接的影响。虽然奥地利大公国为联盟提供了大量补贴，同时进行了最积极的外交交涉，但奥地利大公国与俄罗斯帝国的伟大联盟确实正在瓦解。彼得三世释放了所有被俘的普鲁士人，随后发布宣言表示，完全恢复各国被占领领土，并且支持在此基础上恢复和平。1762年5月，普鲁士王国与俄罗斯帝国签署了和平协议。至此，俄罗斯帝国归还了其占领的东普鲁士，俄罗斯帝国军队也撤出了西里西亚。瑞典也迅速采取了行动，与邻国保持步调一致。腓特烈大帝就这样摆脱了北方边界和东方边界上的一切不安。

18世纪60年代的腓特烈大帝

比特伯爵约翰·斯图尔特

大不列颠王国也发生了一些事件。起初,这些事件似乎可以抵消奥地利大公国失去俄罗斯帝国这一盟友的损失。譬如,大不列颠王国乔治三世即位后便更换了内阁,导致威廉·皮特被迫下台。腓特烈大帝再也不能指望唯一的重要盟友大不列颠王国提供援助了。但结果证明,内阁变化对奥地利大公国和普鲁士王国都十分不利。比特伯爵约翰·斯图尔特成了威廉·皮特的继任者,这位继任者能力不足,却决心不惜一切代价实现和平。在比特伯爵约翰·斯图尔特看来，抛弃盟友并没有付出太高代价。虽然大不列颠王国与奥地利大公国展开了谈判，建议恢复旧的联盟体系，以共同努力将波旁王朝赶出意大利，但比特伯爵约翰·斯图尔特也向彼得三世提议，为了实现和平，必须迫使普鲁士王国交出西里西亚的一部分领土。比特伯爵约翰·斯图尔特的这些提议得到了法兰西王国的认可。但考尼茨–里特贝格伯爵·文策尔·安东认为大不列颠王国的提议只是离间奥地利大公国与其法兰西王国盟友的圈套，便傲慢地拒绝了大不列颠王国的提议。彼得三世为此勃然大怒，立即开始全力支持腓特烈大帝。比特伯爵约翰·斯图尔特却仍要采取单独缔结和平条约的计划，该目标的实现使他取得了更大的成功。比特伯爵约翰·斯图尔特发现，舒尔瓦瑟公爵艾蒂安·弗朗索瓦已经准备接受自己的观点了。舒尔瓦瑟公爵艾蒂安·弗朗索瓦确信法兰西王国与大不列颠王国之间的和平触手可及，所以他公正行事，同时向盟友开诚布公，征求盟友的意见。考尼茨–里特贝格伯爵·文策尔·安东仍然希望召开大会解决问题，但随着战争的进行，召开大会的希望越来越渺茫。考尼茨–里特贝格伯爵·文策尔·安东承认此时已没有机会削弱普鲁士王国的力量了。如果奥地利大公国能获得诸如格拉茨这样令人羡慕的领土，或者改变安施帕赫和拜罗伊特的归还，避免使这些省份落入普鲁士王国手中，那么奥地利大公国也将十分满意。因为四处都在流传着整个俄罗斯帝国军队都在协助腓特烈大帝的谣言，考尼茨–里特贝格伯爵·文策尔·安东不再赞同这些温和的建议，他不再对召开大会存有希望，而是完全允许舒尔瓦瑟公爵艾蒂安·弗朗索瓦与大不列颠王国单独签订和平协议，他甚至认为解决这场让人感到疲惫的战争的最佳办法就是将这场战争当作一场双重战争，同时以两个完全不同的条约来结束讨论的问题。

战争进程不顺利，导致奥地利大公国备受打击。切尔尼霍夫的军队不仅中断了与奥地利大公国军队的合作，而且还臣服于腓特烈大帝。彼得三世登基才六个月，俄罗斯帝国就爆发了政变。革命事件像彼得三世登基一样彻底改变俄罗斯帝国的外交政策。一时间，维也纳的政治家欢呼雀跃，重新燃起了希望。彼得三世退位之后，他的妻子叶卡捷琳娜①立刻继位。而彼得三世则在病房中被残忍杀

---

① 史称叶卡捷琳娜大帝。

彼得三世

彼得三世遇害

害。彼得三世与叶卡捷琳娜大帝观点不一致。因此，在彼得三世驾崩之后，叶卡捷琳娜大帝不可能继续推行彼得三世在位时的政策。事实上，叶卡捷琳娜大帝一直仇视腓特烈大帝。俄罗斯帝国女沙皇伊丽莎白·彼得罗芙娜曾对普鲁士王国采取一贯的敌对政策，但叶卡捷琳娜大帝恢复此敌对政策的可能性很快便消失了。叶卡捷琳娜大帝并未将自己局限在狭隘的个人仇恨中，而是希望在南部地区和波兰推行自己的伟大政策。叶卡捷琳娜大帝很快便意识到，与腓特烈大帝维系友谊比与他为敌更能帮助自己实现目的。叶卡捷琳娜大帝虽然召回了彼得三世派去帮助普鲁士王国的军队，但并没有对普鲁士王国采取敌对政策，也没有重新占领普鲁士王国。于是，奥地利大公国不得不独自对付强大的对手。

威廉·皮特曾坚定支持其盟友普鲁士王国，拒绝外来干涉，但这一做法阻碍了先前的谈判。威廉·皮特被免职后，大不列颠王国、法兰西王国和西班牙在达成初步协议的过程中再无障碍。面对在俄罗斯帝国发生的事件，以及胜利无望的军事行动，玛丽亚·特蕾莎不能再拒绝以两个单独条约来结束战争的提议。维也纳的重要人士现在都渴望实现和平。听到谈判有所延误和停顿的消息时，玛丽亚·特蕾莎总是表示奥地利大公国不仅要实现和平，而且必须迅速实现和平。1762年10月，玛丽亚·特蕾莎写道："前景如此黯淡，我们要么立即实现和平，要么就没有和平。"陆军元帅利奥波德·约瑟夫·冯·道恩伯爵回复道："如果这些准备都失败了，那我不知道陛下将如何作战，也不知道军队如何在冬天坚守阵地。"接着，利奥波德·约瑟夫·冯·道恩伯爵描述了令人沮丧的情况，诸如军队士兵频频生病、疲惫不堪，以及军官毫无信心、极度沮丧。考尼茨-里特贝格伯爵·文策尔·安东也认为实现和平十分有必要。神圣罗马帝国皇帝弗朗茨一世和约瑟夫大公也开始反对战争。玛丽亚·特蕾莎致信考尼茨-里特贝格伯爵·文策尔·安东："抓住机会行事，虽然神圣罗马帝国皇帝弗朗茨一世表示支持，但他的态度极易改变。无论如何，此刻神圣罗马帝国皇帝弗朗茨一世和我的儿子约瑟夫大公都希望将事情了结。"

因此，奥地利大公国大使并不在意枫丹白露会议的筹备工作，只需要确保奥地利大公国的利益尽可能少受到损害，而奥地利大公国的利益却又不可避免地与法兰西王国的利益交织在一起。施塔尔亨贝格公爵格奥尔格·亚当很好地履行了这一职责，并且努力为奥地利大公国要回拖欠的全部补贴。奥地利大公国国库用尽后，这个问题非常重要。施塔尔亨贝格公爵格奥尔格·亚当还认为，奥地利大公国军队应该占领那些条约规定奥地利大公国需要撤离的地区。法兰西王国国王路易十五和两位大臣充分尊重盟友的利益。法兰西王国国王路易十五诚实地宣布，无论发生什么事，玛丽亚·特蕾莎都能得到满意的结果。在条约签署前夕，两国达成一项公约，从而确保了这一点。然而，关于被占领领土的割让，法兰西王国无法兑现自己的诺言，因为奥地利大公国军队无法驻守空出的堡垒。这件事也不是很重要，因为所有人都知道，法兰西王国国王路易十五几个月前签订的第二份单独条约已经失效了。

奥地利大公国目前财政拮据，军队萎靡不振，没有盟友，除征服了格拉茨以外，并未从多年战争中得到任何好处。正因为这样，玛丽亚·特蕾莎热切地渴望实现和平，但她还未完全崩溃，也还没有沦落到向对手乞求的地步。和平的实现需要第三方介入。在目前的情况下，大不列颠王国、法兰西王国和俄罗斯帝国既不适合，也不愿意调解。考尼茨-里特贝格伯爵·文策尔·安东希望利用波兰国王奥古斯特三世的悲惨境遇为实现和平蒙上神秘的面纱，但事实上，奥地利大公国是无条件投降。波兰国王奥古斯特三世被赶出了领地，被迫看着臣民遭受着战争中最严酷的折磨，他大声疾呼，要求实现和平。玛丽亚·特蕾莎似乎无法拒绝盟友的苦苦请求，于是派波兰国王奥古斯特三世去了解普鲁士王国国王腓特烈大帝的看法。普鲁士王国国王腓特烈大帝也渴望实现和平。于是，谈判就此开始。奥地利大公国派海因里希·加布里尔·冯·科伦巴赫作为特使去会见普鲁士王国国务大臣埃瓦尔德·弗里德里希·冯·赫茨贝格，指示他不仅要讨论问题，而且要立即缔结最终和平条约。考尼茨-里特贝格伯爵·文策尔·安东仍然希望能够在总的解决方案中获得一些政治利益，譬如，安施帕赫和拜罗伊特不落入普鲁士王国手中；自己在意大利所做的安排得到接受；匈牙利王国保证反对奥斯曼帝国，或者找到保留格拉茨的方法。然而，考尼茨-里特贝格伯爵·文策尔·安东很难真正实现这些想法。萨克森还在遭受残酷的战争苦难，奥地利大公国也已公开宣

叶卡捷琳娜大帝

海因里希·加布里尔·冯·科伦巴赫

布无力继续战争,考尼茨-里特贝格伯爵·文策尔·安东的外交政策几乎无法对普鲁士王国国王腓特烈大帝的坚定立场产生多大影响。考尼茨-里特贝格伯爵·文策尔·安东在每一件重要的事情上都失败了。几个月的讨论毫无结果。1763年2月15日,维也纳宫廷最终在1745年《柏林条约》的基础上同意了《胡贝尔图斯堡条约》。格拉茨没有得到保留,安施帕赫和拜罗伊特的继承没有改变,互惠保障没有延伸到匈牙利。《胡贝尔图斯堡条约》保证,普鲁士王国在神圣罗马帝国皇帝选举时投票给约瑟夫大公,同时承认奥地利大公国为摩德纳继承所做的安排。除此之外,奥地利大公国什么也没得到。

玛丽亚·特蕾莎为重新赢得西里西亚费尽了心思,耗尽了财富,连年征战,却毫无结果。七年战争给玛丽亚·特蕾莎留下了深刻而持久的影响。但玛丽亚·特蕾莎对考尼茨-里特贝格伯爵·文策尔·安东的信心却丝毫没有动摇,她仍为考尼茨-里特贝格伯爵·文策尔·安东建立的欧洲体系感到自豪。然而,该体系只造成了灾难。长期作战没有减少奥地利大公国的领土,却大大削弱了玛丽亚·特蕾莎的政治威望。玛丽亚·特蕾莎曾拥有强大盟友的援助,具备压倒性的资源优势,却一直无法在对手身上获得任何优势,她仍将对手普鲁士王国国王腓特烈大帝视作一个傲慢自负的国王。起初,人们很难理解玛丽亚·特蕾莎对考尼茨-里特贝格伯爵·文策尔·安东及其计划的坚定执着。但玛丽亚·特蕾莎不可能不知道考尼茨-里特贝格伯爵·文策尔·安东选择的道路为奥地利大公国带来了不幸。奥地利大公国的政治声誉为此遭到严重损害。奥地利大公国既没有实现战争的主要目标,也没有实现战争过程中产生的附带目标。玛丽亚·特蕾莎此时陷入了孤立无援的境地。在解决战争问题的过程中,大不列颠王国与法兰西王国没有问过玛丽亚·特蕾莎的意见。没有大国再与奥地利大公国建立友谊。玛丽亚·特蕾莎无论是假装对《胡贝尔图斯堡条约》感到满意,还是掩饰自己乞求者的立场,都于事无补。与此同时,玛丽亚·特蕾莎的对手普鲁士王国非但没有遭受屈辱,反而从长期战争中解脱出来。普鲁士王国虽然也疲惫不堪,耗尽了资源,但颠覆了欧洲政治格局,一跃成为欧洲强国。

玛丽亚·特蕾莎和考尼茨-里特贝格伯爵·文策尔·安东的性格与才干是解

决此次战争问题的关键。即使是在危机时期，玛丽亚·特蕾莎也一再证明自己是最忠实的朋友。任何失败、任何错误似乎都无法掩盖人们对玛丽亚·特蕾莎的钦佩。玛丽亚·特蕾莎一旦对谁产生信任，就会给予他完全的信任，不会动摇。考尼茨-里特贝格伯爵·文策尔·安东特别适合担任顾问职务，而且得到了玛丽亚·特蕾莎的支持。考尼茨-里特贝格伯爵·文策尔·安东有着独特的性格特征，一是想象力丰富，能够理解政敌的观点，甚至同情他们；二是阅历丰富，眼光敏锐，了解世界格局，同时有点愤世嫉俗，因而能够看透他人的弱点；三是巧言善辩，时常能为自己找到说辞，说服玛丽亚·特蕾莎，使其放弃自己原来的想法；四是做事勤勤恳恳，他留下的大量公文和信都可以证明他的勤奋。也正是因为勤奋，考尼茨-里特贝格伯爵·文策尔·安东曾经清楚地分析了自己赞成和反对玛丽亚·特蕾莎行为方针的观点。这些观点几乎有些迂腐，但玛丽亚·特蕾莎完全相信考尼茨-里特贝格伯爵·文策尔·安东一直在坚定不移地维护着奥地利大公国的利益。考尼茨-里特贝格伯爵·文策尔·安东既自负又古怪，却将自己的荣耀与玛丽亚·特蕾莎的荣耀连在一起。无论遭遇什么样的反对，考尼茨-里特贝格伯爵·文策尔·安东都以顽强意志来对抗。对玛丽亚·特蕾莎来说，自己最得力的助手需要从一开始就认识到一国之主至高无上的地位，同时深知一国之主的职责。玛丽亚·特蕾莎认为自己不可能找到比考尼茨-里特贝格伯爵·文策尔·安东更忠诚、能干的助手了。

玛丽亚·特蕾莎与考尼茨-里特贝格伯爵·文策尔·安东之间的亲密友谊十分引人注意，因为在许多方面，考尼茨-里特贝格伯爵·文策尔·安东的性格似乎并不适合玛丽亚·特蕾莎。考尼茨-里特贝格伯爵·文策尔·安东为自己的相貌感到自豪，总是摆出一副花花公子的派头，他打扮精致，穿着优雅，甚至还有些过度自负，他既为自己的政治才能而自豪，也为自己的骑术而自豪，并且乐于展示自己。考尼茨-里特贝格伯爵·文策尔·安东很早就称自己体弱多病，希望自己享有临终前的一切自由。在之后的生活中，考尼茨-里特贝格伯爵·文策尔·安东以一种散漫的自由对待玛丽亚·特蕾莎和她的儿子约瑟夫大公。如果换作其他人这么做，一定会被认为粗鲁无礼，但考尼茨-里特贝格伯爵·文策尔·安东比玛丽亚·特蕾莎更需要照顾。玛丽亚·特蕾莎因健康问题不得不时时开着窗户，但考尼茨-里特贝格伯爵·文策尔·安东去拜访玛丽亚·特蕾莎时——虽然这种情况比较少，他的第一步就是将窗户关上。玛丽亚·特蕾莎的儿子约瑟夫大公继承王位后，考尼茨-里特贝格伯爵·文策尔·安东经常一连几天都以书面形式与约瑟夫二世进行交流。如果约瑟夫二世有问题必须与考尼茨-里特贝格伯爵·文策尔·安东面谈，那一定是他亲自去拜访考尼茨-里特贝格伯爵·文策尔·安东。然而，玛丽亚·特蕾莎依靠的是考尼茨-里特贝格伯爵·文策尔·安东装腔作势背后的真正品质，她似乎已经完全忘记了考尼茨-里特贝格伯爵·文策尔·安东那些小小的失礼之处，常常十分诚恳地向他倾诉自己的心事。

第 9 章
内政
（1758—1765）

精彩看点

宫廷生活——国内募捐活动——行政改革初期遇到的阻力——第一届委员会——约瑟夫大公的妻子帕尔马的伊莎贝拉去世——增加人民收入的改革——玛丽亚·特蕾莎出访匈牙利——弗朗茨一世驾崩——考尼茨-里特贝格伯爵·文策尔·安东的努力与妥协

七年战争期间，忧郁感笼罩着维也纳宫廷，这与维也纳战前的和平、安乐形成了鲜明的对比。年轻的玛丽亚·特蕾莎天生就能在活跃的社交生活中起到主导作用。同时代的人见证了玛丽亚·特蕾莎的美丽，她那蓝色的眼睛活泼明亮，充满智慧的头高高抬起，浓密的头发颜色浅淡，脖子、胳膊和手指的线条优美。此外，她还拥有精致的脸型，以及轻盈优美的动作。玛丽亚·特蕾莎比普通人更漂亮。然而，即使只考虑宫廷的赞美，玛丽亚·特蕾莎也是一个外表出众的女人。随着年龄的增长，玛丽亚·特蕾莎经历了生养、灾难和疾病，最终容貌也有了变化，丰满的嘴唇增添了坚毅的线条。但在所有的画像中，玛丽亚·特蕾莎都是一个美丽的女人，她带有一种开放的力量，似乎在向人们表达着自己的信任和爱。玛丽亚·特蕾莎身高中等偏上，身体健康，神采奕奕。她喜欢运动，骑马时无所畏惧。人们认为大臣们有必要对此进行劝阻，以免损害女王的健康。玛丽亚·特蕾莎才华横溢，二十三岁继承王位，从此便全身心地投入到了宫廷的娱乐活动中，一年四季出现在各种舞会、宴会和雪橇派对上。

　　然而，维也纳宫廷在战争期间对娱乐活动采取了完全不同的态度。玛丽亚·特蕾莎无法再忍受众多的娱乐活动或舞会了。因此，桌牌遭到了禁止，而宫廷宴会也减少了。奥地利大公国的财政压力非常大。早在1758年，玛丽亚·特蕾莎就典当了自己的珠宝。1760年，奥地利大公国发起了一场爱国募捐活动。官员们将盘子送去铸造钱币。只有偶尔传来的胜利消息和带着急件凯旋的军官才能减缓阴郁的气氛，才能使欢乐的气氛得到恢复。然而，玛丽亚·特蕾莎表达喜悦之情更多的是出于宗教的原因而非由于宴会的欢乐。当时的官廷生活确实受到玛丽亚·特蕾莎宗教狂热的影响。战争期间，玛丽亚·特蕾莎通过公开祈祷、长期服务上帝和严格的斋戒来寻求上帝的帮助，并且从不厌倦。

然而，如果战争时期是萧条的时期，那它也是国家机器受到粗暴考验的时期。事实证明，弗雷德里希·威廉·冯·霍格维茨伯爵的改革并不完全令人满意。改革的主要目的是建立中央集权国家，从此剥夺了地方各省的权力。然而，在贵族的权力和影响力方面，联邦国家的集权会使人们想起中世纪或封建的贵族统治，以及由此演变而来的专制主义。没有人可以迅速执行这些政策。尤其是在目前的情况下，玛丽亚·特蕾莎认为一国之主基本上都是贵族，她从未质疑过贵族的世袭权利，也从未中断与贵族之间的亲密联系。毫无疑问，玛丽亚·特蕾莎认为自己属于王室，所以她仅仅在王室范围内安排孩子们的婚姻。玛丽亚·特蕾莎与贵族同甘共苦，她给贵族写信表达自己的关心，同时根据自己的经济状况对贵族慷慨解囊。因此，建立一种无情且严格的行政制度，将能力和服务作为任职或晋升的唯一基础，这完全超出了玛丽亚·特蕾莎对国家概念的理解。除了收回了地方权力，行政改革并未产生其他巨大意义。建立统一政府的改革具有不确定和不完全的性质。

一些年纪较大同时比较保守的大臣们认为，改革只会造成混乱。对考尼茨-里特贝格伯爵·文策尔·安东来说，这种混乱显而易见，但他没有将所采取的措施看作是错误，而是更公正地将其看作是尚未成功、需要进一步实施的不彻底措施。因此，在1758年到1760年，考尼茨-里特贝格伯爵·文策尔·安东为讨论的问题设定了原则并为此制订了一项计划，表示准备在已有措施的基础上进一步采取行动。"内部事务小组"成立之初，其目的是将各部门与国家整体有机结合起来，形成内部事务管理的总制度，但该目标尚未实现。许多直接隶属于玛丽亚·特蕾莎的高级法院逐渐建立起来，这完全违背了公开原则。结果，每个部门的负责人只负责自己部门的业务。这一缺点可以通过任命一位首相来解决。但奥地利大公国的国家情况复杂,任命首相的可能性不大,因为没有人能同时满足这么多不同国家的要求。因此,考尼茨-里特贝格伯爵·文策尔·安东建议设立一个国务委员会。主权国家应根据国务委员会的意见行事。同时,玛丽亚·特蕾莎则将本应授予首相的权力掌握在自己手中。

然而,设立国务委员会的前提是国务委员不担任部门负责人。国务委员应该是现有贵族阶层的代表,他们了解神圣罗马帝国的特殊部门,所以只需要负责提供建议和监督。在此体系中,首相应该是机构成员。

玛丽亚·特蕾莎早已视考尼茨-里特贝格伯爵·文策尔·安东为处理外交事务的有力助手。如今,国务委员会也将在内部政务中提供同样的支持。玛丽亚·特蕾莎立即接受了这一主张,成立了一个国务委员会。国务委员会在成立之初遭遇了一些困难,因为在政府其他部门担任职务的人员不得当选国务委员。这样一来,许多最适合这项工作的人都没有资格入选,而事实上这些人也更愿意待在现有职位上。

第一届委员会最重要的成员是失去指导地位的弗雷德里希·威廉·冯·霍格维茨伯爵、特别负责监督军务的利奥波德·约瑟夫·冯·道恩伯爵和海因里希·卡捷坦·冯·布鲁梅亨。此外,两位经验丰富的骑士团的代表——斯图拜和博里也当选委员会成员,他们也是能力突出的官员。此次人员重组工作进行得十分深入。每个王国和省份都只从属于一个首领。这种改变并非没有遭到反对。在波希米亚地区,人们的反对最明显,他们认为上述改变是对地方权力的侵犯。波希米亚贵族决定尽最大努力来维持旧有政府的地位。考尼茨-里特贝格伯爵·文策尔·安东向玛丽亚·特蕾莎写了一封信,他一方面鼓励玛丽亚·特蕾莎结束波希米亚阴谋,另一方面又表达了对君主制的同情。这种同情在很大基础上成了约瑟夫大公政治信条的重要组成部分。考尼茨-里特贝格伯爵·文策尔·安东在信中写道:"其他主权国家正在试图限制贵族的权力,因为一个国家的真正力量掌握在多数人即普通民众手中,而波希米亚民众所受的欺压比别处的民众更重。但陛下非但没有想过任何办法来摆脱这种罪恶,反而听从大臣建议,批准成立一种只会增加罪恶的政府形式。这种政府形式将与国家主权直接对立。"

如果民政在战争的压力下崩溃了,那么军政的缺陷将会表现得更加明显。1762年,陆军部进行了彻底的改革。此时,约瑟夫·哈拉赫伯爵主政陆军部已有二十三年。在此期间,亚当·艾伯特·冯·奈佩格将军一直负责协助他工作。陆军部所推行的是民事宪法,而非军事宪法。多年来,八十四岁高龄的约瑟夫·哈拉赫伯爵已经无法胜任手头的工作,但玛丽亚·特蕾莎不愿辞退自己的老仆人,她也不愿损害大贵族的利益。因此,虽然约瑟夫·哈拉赫伯爵不再称职,但玛丽亚·特蕾莎还是让他继续留任。最终,玛丽亚·特蕾莎认为无论如何,都要让利奥波德·约瑟夫·冯·道恩伯爵取代约瑟夫·哈拉赫伯爵的位置。利奥波德·约瑟夫·冯·道恩伯爵虽然在战场上有些能力不足,但十分适合监督军队组织的工作。利奥波德·约瑟夫·冯·道恩伯爵担任首相期间,委员会的性质彻底发生了改变。一些重要的将军填补了委员会的职位,而管理迟缓且无知的文职官员则被撤换掉了。

约瑟夫大公经常参与常务委员会的讨论。从表面上看,约瑟夫大公并未十分热心地履行公职,但他对常务委员会的指导非常认真。常务委员会聘请了经验丰富、知识渊博的人才,每个人都专注于各自的领域,寻求最大利益,撰写神圣罗马帝国各个地区的政治情况分析和统计报告。至于约瑟夫大公究竟读到什么程度,目前还不得而知。但在表面的粗心大意背后,约瑟夫大公偶尔写一些回忆录,交给玛丽亚·特蕾莎,这些回忆录表明约瑟夫大公已经开始认真思考政府问题。正如约瑟夫大公在当时的一篇文章中表达的那样,他"完全相信某种形式的专制是必要的"。缔结和平条约之后,人们的兴趣就集中在了约瑟夫大公身上。

《胡贝尔图斯堡条约》刚一签署,考尼茨-里特贝格伯爵·文策尔·安东就向玛丽亚·特蕾莎提议,表示约瑟夫大公当选神圣罗马帝国皇帝的时机已经到来。而几年前,这一建议根本不可能实现。考尼茨-里特贝格伯爵·文策尔·安东认为,利用目前这一时机,重新确立奥地利大公国宫廷在欧洲的地位是明智之选，因为奥地利大公国官廷的权威已经开始动摇。对于约瑟夫大公本人而言，这是一个悲哀的时刻。事实证明，与帕尔马的伊莎贝拉成婚是约瑟夫大公最大的幸福。帕尔马的伊莎贝拉既年轻又有才智，其教育和学识都被人们认可。她对自己的描述多少有些戏谑，却道出了自己多才多艺的一面。在写给丈夫的妹妹兼密友玛丽亚·克里斯蒂娜公主的信中，帕尔马的伊莎贝拉说自己的头脑就像书桌，收纳了身边所有东西，包括"哲学、道德、深刻的思考、有趣的歌曲、历史、物理、逻辑、小说、玄学，以及对你的想念"。约瑟夫大公从帕尔马的伊莎贝拉身上找到了自己所需要的一切。但她有一个奇怪的特点，她似乎爱上了死亡。无论她怎样竭力掩饰，透过一切欢乐的表象，人们都能看到她隐藏着的忧郁。她渴望生命停止的那一刻，并且相信这个时刻很快就会到来。这种预感并没有错。1763年11月，帕尔马的伊莎贝拉患了天花，二十一岁的她病了五天就去世了。她的离世给约瑟夫大公造成了巨大伤害。直到很久之后，约瑟夫大公都未走出来。在赴法兰克福参加神圣罗马帝国皇帝的加冕仪式时，约瑟夫大公仍处于极度的悲痛之中。约瑟夫大公的当选没有遇到丝毫阻碍。普鲁士王国需要遵守新签订的条约。大不列颠王国和汉诺威一直渴望约瑟夫大公当选。萨克森选帝侯弗里德里希·奥古斯特二世驾崩之后，他的儿子弗雷德里克·克里斯蒂安也去世了。奥地利大公国帮助萨克森保住了波兰的王位，约瑟夫大公的当选并没有破坏两个官廷之间的友谊。奥地利大公国投入的金钱很容易赢得教会的支持，而承诺的利益则消除了贵族和巴伐利亚的反对意见。因此，约瑟夫大公的当选十分顺利。

与此同时，奥地利大公国采取了另一项令约瑟夫大公十分痛苦的措施。出于政治原因，约瑟夫大公迫切需要第二次婚姻。约瑟夫大公承认二次婚姻是必要的，并且表示非常希望娶帕尔马的伊莎贝拉的妹妹帕尔马的玛丽亚·路易莎为妻，以永远纪念妻子帕尔马的伊莎贝拉。但王储的婚姻不能遵从个人意愿，特别是在奥地利大公国。按照惯例，精心安排的婚姻联盟需要具备实际价值。现在，考尼茨-里特贝格伯爵·文策尔·安东为人专横，行事无情，决心重建失去的威望并维护自己创建的体系。虽然约瑟夫大公与考尼茨-里特贝格伯爵·文策尔·安

玛丽亚·克里斯蒂娜公主

青年时期的约瑟夫大公

东的意见时常相左,但这次约瑟夫大公坚决支持考尼茨-里特贝格伯爵·文策尔·安东的观点。虽然考尼茨-里特贝格伯爵·文策尔·安东的主要目的是将哈布斯堡王朝和波旁王朝紧密结合起来,但他也渴望摆脱德意志选帝侯的竞争,尤其是巴伐利亚的马克西米利安三世·约瑟夫的竞争。就意大利而言,考尼茨-里特贝格伯爵·文策尔·安东的伟大目标已经实现,因为一位奥地利大公国公主①与西班牙国王查理三世的次子②订立了婚约,而这位王子现在是那不勒斯的国王。此外,还有一位奥地利大公国大公③娶了一位西班牙公主④,他放弃了奥地利大公国的王位,作为第二继承人继承了父亲弗朗茨一世的托斯卡纳大公国。另一位奥地利大公国大公⑤与摩德纳公爵弗朗切斯科三世·埃斯特的孙女玛丽亚·比阿特丽丝·德埃斯特订了婚,并且将在适当的时候在米兰统治摩德纳联合王国和奥地利大公国的伦巴第。后来,约瑟夫大公中意的帕尔马的玛丽亚·路易莎嫁给了西班牙王位继承人阿斯图里亚斯亲王。在德意志,奥地利大公国王室的地位并不那么稳固。因此,考尼茨-里特贝格伯爵·文策尔·安东希望约瑟夫大公的新妻子——奥地利大公国王后是一位德意志公主,如果可能的话,最好是一位巴伐利亚公主。据说玛丽亚·特蕾莎有时也同意这一观点。事实上,虽然玛丽亚·特蕾莎的丈夫弗朗茨一世对波旁王朝怀有深切的仇恨,不愿再与波旁王朝有任何联系,但玛丽亚·特蕾莎还是以慈母的心怀倾听了约瑟夫大公的殷切希望。认识到与德意志联姻的政治优势之后,玛丽亚·特蕾莎还是准备利用自己的影响力为约瑟夫大公争取到帕尔马的玛利亚·路易莎。玛丽亚·特蕾莎甚至请求西班牙国王查理三世允许他的儿子阿斯图里亚斯亲王向其未婚妻解除婚约。但事实证明,玛丽亚·特蕾莎的请求毫无用处。约瑟夫大公发现愿望就此落空了,于是放弃了个人意愿,不再失望,他将自己的事情完全交给顾问处理。约瑟夫大公见到了两位公主,一位是萨克森的玛丽亚·库尼贡德公主,另一位是巴

---

① 指奥地利大公国公主玛丽亚·卡洛琳娜。
② 指两西西里王国斐迪南一世。
③ 指奥地利大公国的利奥波德大公。
④ 指西班牙公主玛丽亚·路易莎。
⑤ 指奥地利大公国的斐迪南大公。

伐利亚的玛丽亚·约瑟法公主。但约瑟夫大公对两位公主都不感兴趣,在拒绝了萨克森的玛丽亚·库尼贡德公主后,他表示愿意接受巴伐利亚的玛丽亚·约瑟法公主。没有比这更不幸的婚姻了。巴伐利亚的玛丽亚·约瑟法公主非常优秀,为人和蔼可亲,但她对约瑟夫大公没有丝毫的吸引力。巴伐利亚的玛丽亚·约瑟法公主的爱只会让约瑟夫大公讨厌,甚至招致约瑟夫大公更多的厌恶。然而,巴伐利亚的玛丽亚·约瑟法公主并没有打扰约瑟夫大公太久。1765年1月,两人结婚。1767年5月,巴伐利亚的玛丽亚·约瑟法公主便去世了,但她在结婚几个月后就成了王后,因为1765年8月18日,弗朗茨一世在因斯布鲁克驾崩。玛丽亚·特蕾莎的生活也因此黯然失色。

玛丽亚·特蕾莎从执政之初就对部分领土怀有深厚的感情,她希望能从这片土地中得到爱的回报。玛丽亚·特蕾莎一向对匈牙利贵族十分友好。匈牙利贵族填补了奥地利大公国宫廷一些最重要的职位,并且与玛丽亚·特蕾莎关系密切。匈牙利贵族宣誓效忠玛丽亚·特蕾莎。单从这方面看,玛丽亚·特蕾莎取得了成功。整个贵族阶层不断宣称他们十分尊重王权,也十分爱戴玛丽亚·特蕾莎。但在这种表面忠诚的背后,贵族阶层依然对权力和特权有着根深蒂固的迷恋。这种对特权的迷恋随时可能使贵族阶层发展成奥地利大公国强大的敌对力量。无论是利益还是习俗与特权,匈牙利都与奥地利大公国的其他省份不同,这与集权政府的所有新思想背道而驰,但玛丽亚·特蕾莎也认为匈牙利与其他领土不可能保持一致。然而,玛丽亚·特蕾莎总觉得匈牙利比较特殊,并且相信这些地方也许会发生改变。奥地利大公国当时最需要金钱和士兵,而匈牙利则是奥地利大公国最大和最富有的省份之一。但与奥地利大公国世袭领地承受的负担相比,匈牙利支付的税款简直荒谬可笑,匈牙利提供的军队也脆弱不堪。如果不是与德意志军队联合,那么这支军队将毫无用处。因此,玛丽亚·特蕾莎决定召集议会。从1751年起,玛丽亚·特蕾莎就吸取了经验教训,克制自己去召集一场不可避免要发生争执的议会。然而,玛丽亚·特蕾莎的愿望十分强烈,她强烈希望和解行动成功。因此,她于1764年决心冒着面临困难的风险,增加人们的收入,改革叛乱军队,同时改善纳税人和无组织民众的生活状况。为了顺利实施这

帕尔马的玛丽亚·路易莎

玛丽亚·比阿特丽丝·德埃斯特

萨克森的玛丽亚·库尼贡德公主

巴伐利亚的玛丽亚·约瑟法公主

些措施,玛丽亚·特蕾莎承诺改善通信,促进贸易。匈牙利贵族们受到了超乎寻常的奉承。匈牙利人的守护神圣斯蒂芬教团成立了。该教团的主要成员都是匈牙利人。

于是,玛丽亚·特蕾莎抱着极大的希望,满怀愉悦地来到了普雷斯堡。然而,国会一听到这些要求就表示反对。每当王权和人民意见不一致时,人们就会小心翼翼地回避真正的问题,将斗争集中在一些微不足道的细节上。这时,维也纳宫廷图书馆的管理者科拉尔写了一本书,有力地阐明了王权与教会的相关权力。在其他方面,科拉尔认为王权有权要求匈牙利而非起义军队提供资金。既然匈牙利已经用其他服务来代替个人服役,那么为什么不将替代服务换成钱呢?国会认为,这本书是在玛丽亚·特蕾莎的授意下写成的,目的是让人们支持自己的观点。匈牙利贵族认为玛丽亚·特蕾莎只是在维护王室权力,这是匈牙利贵族曾经最害怕的事情,因为这将威胁到他们免于纳税的特权。玛丽亚·特蕾

普雷斯堡

莎不由得开始思考自己是否应该屈服于反抗的声音。最后，玛丽亚·特蕾莎决定暂停这本书的销售并调查这本书。除此之外，玛丽亚·特蕾莎不愿做任何承诺。但这件事实际上决定了国会将采取的措施。最后，玛丽亚·特蕾莎只能要求匈牙利贵族在之前的贡献基础上再增加一点，同时放弃起义军队的问题，暂时搁置改善人民生活的计划。议会会议召开之前，玛丽亚·特蕾莎表现得非常和蔼可亲，她还拜访了大主教和乡间的几个贵族。但议会得出的结果深深地伤害了玛丽亚·特蕾莎。她满怀怨恨离开了普雷斯堡，再也没有召集过地方贵族。玛丽亚·特蕾莎在召开议会之初就带有愤怒情绪，这种愤怒驱使她给巴拉丁伯爵路易·包贾尼和大主教鲍尔科齐写了几封措辞极端尖锐的信，因为玛丽亚·特蕾莎原本主要指望他们来实现自己的主张。后来，人们普遍认为两位贵族的死亡和玛丽亚·特蕾莎的言辞犀利的信有直接关系。

　　从匈牙利回来后，玛丽亚·特蕾莎对发生的事情比较满意。哈布斯堡王朝和波旁王朝曾有过多次联姻。此时，联姻的时机已经到了。西班牙国王查理三世宣布愿意将女儿玛丽亚·路易莎嫁给奥地利大公国大公。查理大公已经去世，据说他是玛丽亚·特蕾莎最疼爱的儿子。因此，能够迎娶玛丽亚·路易莎公主的人选寥寥无几。利奥波德大公成了迎娶西班牙公主玛丽亚·路易莎的最佳人选，他也是托斯卡纳未来的统治者，因为约瑟夫大公已经答应了利奥波德大公继承父亲遗产的要求。婚礼将在因斯布鲁克隆重举行。年轻的利奥波德大公马上就要继承自己的公爵领地。婚礼地点之所以选择因斯布鲁克而不是维也纳，是因为人们担心在繁华的维也纳举办婚礼后，新娘会厌倦在佛罗伦萨相对平静的生活。弗朗茨一世很不喜欢这一安排，但并未提出任何强烈的反对意见。玛丽亚·特蕾莎和年幼的孩子们留在了维也纳，其他人则前往提洛尔。1764年8月18日，在婚礼圆满结束的同时，弗朗茨一世突然驾崩了。成年之后，弗朗茨一世习惯了锻炼身体，但在因斯布鲁克，隆重的礼节使弗朗茨一世感觉自己如同被监禁起来一样。弗朗茨一世也曾抱怨过因斯布鲁克带给他的压迫感，他觉得这种压迫感是由环抱在城市周围的群山造成的，他盼望着迅速离开这座城市以恢复健康。行程接近尾声时，弗朗茨一世刚进入剧院就突然感到头昏眼花。约瑟夫大

玛丽亚·路易莎

查理大公

公当时与弗朗茨一世在一起,但他还没来得及将弗朗茨一世带出那条将剧院和宫殿隔开的走廊,弗朗茨一世就倒在了地上。随后,弗朗茨一世被抬进隔壁的一个房间里,再也没有恢复意识,几个小时后就驾崩了。

  弗朗茨一世的驾崩给玛丽亚·特蕾莎造成了沉重的打击,同时对她产生了不可磨灭的影响。玛丽亚·特蕾莎有一段时间几乎停止了思考。玛丽亚·特蕾莎生活中的阳光和欢乐从此都消失了。她的家庭从此破碎了。她和其他普通女人并无两样。玛丽亚·特蕾莎沉浸在悲伤之中。在这个时候还拿国事烦扰她似乎不太礼貌。然而,正是玛丽亚·特蕾莎隐藏于政治行为和帝国利益之下的那颗女人心使她成了一个可爱而有趣的人。陷入痛苦深渊的玛丽亚·特蕾莎惹人怜悯。玛丽亚·特蕾莎的婚姻生活总体上很幸福,她总是致力于为丈夫弗朗茨一世打造舒适安逸的生活,独自承受了所有的工作,但她现在仍为自己想象中的种种缺陷而自责。玛丽亚·特蕾莎虽然早就发现了自己的优势,也早就知道无法指望丈夫弗朗茨一世能大力支持自己,但她现在只能想到弗朗茨一世少年时的样子,她认为弗朗茨一世是一个聪慧而伟大的统治者。玛丽亚·特蕾莎流露出的哀伤几乎有些过分。她剪掉头发,摘下珠宝,远离衣柜,从此就住在一间黑灰色的房间里。弗朗茨一世刚刚驾崩时,玛丽亚·特蕾莎不允许周围有任何欢乐的迹象,甚至连涂胭脂也遭到了禁止。玛丽亚·特蕾莎宣布自己与这个世界永远断绝联系,自此以后,一切事务都交给儿子约瑟夫二世①处理。按照此承诺,玛丽亚·特蕾莎给儿子利奥波德大公寄去一封指示信。人们从信中可以窥见玛丽亚·特蕾莎奇怪的精神状态。毫无疑问,玛丽亚·特蕾莎想通过这封信对利奥波德大公进行王权统治艺术的指导。但事实证明,这封信不过是一次近乎奴性的宗教讲述和对健康的详尽建议而已。

  玛丽亚·特蕾莎在自己沮丧万分的时候开始向首相考尼茨–里特贝格伯爵·文策尔·安东求助,她认为考尼茨–里特贝格伯爵·文策尔·安东一定会支持自己,她竟然完全忘记了考尼茨–里特贝格伯爵·文策尔·安东的荒诞不经。对于玛丽亚·特蕾莎而言,考尼茨–里特贝格伯爵·文策尔·安东的虚荣心、近乎无礼

---

① 1765年8月约瑟夫大公成为神圣罗马帝国皇帝,称约瑟夫二世。

的亲昵、冷淡的傲慢态度，以及小小的个人花招都无关紧要，因为她完全相信考尼茨-里特贝格伯爵·文策尔·安东是忠诚的。玛丽亚·特蕾莎曾说过，在涉及国家的问题上，自己一向信任考尼茨-里特贝格伯爵·文策尔·安东，所以她现在必须将家庭利益问题托付给他。玛丽亚·特蕾莎目前最关心两件事，一件是约瑟夫二世能够立即获得与自己共同管理国家的权力，另一件是安置自己众多的孩子。玛丽亚·特蕾莎没有看错自己所信任的人。在玛丽亚·特蕾莎统治期间，考尼茨-里特贝格伯爵·文策尔·安东所做的一切都是为了维护玛丽亚·特蕾莎的利益。从这些行动当中，玛丽亚·特蕾莎便可以看出考尼茨-里特贝格伯爵·文策尔·安东的忠诚。考尼茨-里特贝格伯爵·文策尔·安东默默接受了玛丽亚·特蕾莎现在对他的任命，他在内心深处非常清楚自己今后将面临的重重困难，也知道自己可能无法完全解决这些困难。

考尼茨-里特贝格伯爵·文策尔·安东必须认识到玛丽亚·特蕾莎和儿子约瑟夫二世在性格上有本质差异。约瑟夫二世急躁、专横。考尼茨-里特贝格伯爵·文策尔·安东已经在约瑟夫二世的笔记中发现了他们之间观点矛盾的证据。约瑟夫二世在这些笔记中解释了他对政府的看法，并且表示自己坚决反对玛丽亚·特蕾莎的观点。时间会告诉约瑟夫二世，他需要付出多少努力才能实现这些目标。两个联合统治者的性格和意见分歧很大。考尼茨-里特贝格伯爵·文策尔·安东认为，自己很难担任同时受两人信任的首相，但他对玛丽亚·特蕾莎十分忠诚，因而决定试一试。

事实证明，这种安排是长久性的。但在临时协议达成之前，这种安排经历了一系列风暴。这些风暴几乎摧毁了联合执政的计划。玛丽亚·特蕾莎、约瑟夫二世和考尼茨-里特贝格伯爵·文策尔·安东三人都认为这个计划几乎行不通。考尼茨-里特贝格伯爵·文策尔·安东预见到的所有困难都出现了。从此，考尼茨-里特贝格伯爵·文策尔·安东的表现不再那么令人满意了。考尼茨-里特贝格伯爵·文策尔·安东不断地妥协，结果发现自己的能力严重影响了自己的政策。与此同时，他也在竭力避免玛丽亚·特蕾莎与儿子约瑟夫二世之间关系破裂。考尼茨-里特贝格伯爵·文策尔·安东的任务变得更加艰巨，因为在许多方面，他都同意了约瑟夫二世的意见。到此时为止，考尼茨-里特贝格伯爵·文策尔·安东对玛丽亚·特蕾莎的影响十分巨大。此外，考尼茨-里特贝格伯爵·文策尔·安东的自制力也十分强大，结果他总能说服玛丽亚·特蕾莎全盘接受约瑟夫二世的观点，或者通过巧妙的修改确保玛丽亚·特蕾莎接受约瑟夫二世政策的重要部分。

第 10 章

内政

（1765—1770）

精彩看点

约瑟夫二世获得摄政权力——弗朗茨·莫里斯·冯·拉齐取代利奥波德·约瑟夫·冯·道恩伯爵——约瑟夫二世与玛丽亚·特蕾莎之间的分歧——重建庞大的家族——为政治服务的婚姻——玛丽亚·约瑟法公主去世——玛丽亚·卡罗琳娜与斐迪南三世举行婚礼——约瑟夫二世得到共同执政权力

1765年9月，玛丽亚·特蕾莎回到维也纳后，几乎立即授予了儿子约瑟夫二世共同摄政的权力。玛丽亚·特蕾莎目前十分抑郁，她希望约瑟夫二世能够处理大部分国事。考尼茨-里特贝格伯爵·文策尔·安东也许希望从服务两位君主的艰难任务中解脱出来。约瑟夫二世马上积极地参与政府工作中，他最初的措施已经预示了其政策的未来走向。所有无用的开支都要节省，弗朗茨一世的大保护区遭到禁止，对农业造成很大伤害的狩猎游戏也遭到限制，位于维也纳附近的普拉特公园开始向公众开放。奥地利大公国采取了一些有力的措施后，财政状况大有改善，因为约瑟夫二世立刻按照父亲弗朗茨一世的遗嘱将获得的巨大财富奉献给了国家，同时利用这笔财富成功地将国债从百分之五或百分之六转换成了百分之四的证券。约瑟夫二世也十分关心军事事务，玛丽亚·特蕾莎曾特别委托他管理军事事务。在朋友弗朗茨·莫里斯·冯·拉齐的帮助下，约瑟夫二世正忙于改进军队的管理。弗朗茨·莫里斯·冯·拉齐现在已经取代了利奥波德·约瑟夫·冯·道恩伯爵在军事处的职位。约瑟夫二世亲自视察了边境并热情地参加了军事演习。之后，约瑟夫二世开始迫切要求增加军队人数。这一要求不可避免地带来了税收的增加。约瑟夫二世没有仅仅满足于实际措施，他起草了一份备忘录，痛斥了现行的政府制度，明确暗示有必要实行更彻底的专制统治，或者至少将权力集中在君主的手中。这份备忘录还对目前的教育制度提出了严厉的批评，同时重点提到了宗教活动。约瑟夫二世写道："善良的人们相信，当自己的儿子参加弥撒，诵经祷告，每两周忏悔一次，除了解读神父的狭隘理解，什么也不多想，他们就将成为伟大的政治家。大家都加入了合唱——多有魅力的年轻人！他成长得多好啊！是的，如果我们的国家是一个修道院，而我们的邻居都是修道士的话，那么我们的愿望就会实现。"约瑟夫二世似乎读过了玛丽亚·特蕾莎在极度伤心中写给儿子利奥波德大公的信，因为约瑟夫二世描绘的内容正是玛丽亚·特蕾莎最看重的事情。

玛丽亚·特蕾莎和考尼茨-里特贝格伯爵·文策尔·安东都不可能赞同这些备忘录中暗示的方针政策，二人也不赞同约瑟夫二世的表达语气。奥地利大公国人民的税收压力已经很重了。对于约瑟夫二世增加捐款的要求，以及必须扩充军队的主张，考尼茨-里特贝格伯爵·文策尔·安东的回答，代表了广大人民和政治家的观点。考尼茨-里特贝格伯爵·文策尔·安东指出，国家实现收支平衡可能很好，但代价可能太高，因为一个国家的财富并不是取决于这个国家的收入，而是取决于居民福利、国家贸易和制造业的蓬勃发展。考尼茨-里特贝格伯爵·文策尔·安东还表示，一个国家不会在和平时期维系大规模的军队。一个组织良好的国家可以在平日拥有充足的人口，在战争需要时征收新兵，这比组建一支庞大的军队来消耗国家力量和激起邻国的嫉妒要好。

如果说约瑟夫二世的政治观点令睿智的考尼茨-里特贝格伯爵·文策尔·安东感到震惊，那么约瑟夫二世关于宗教和教育方面的看法则更加冒犯了玛丽亚·特蕾莎。约瑟夫二世伤透了玛丽亚·特蕾莎那颗温柔的心，他似乎在嘲笑玛丽亚·特蕾莎心中最神圣的一切。玛丽亚·特蕾莎本以为自己可以退出对政府的管理，但就现在来看，这种希望落空了。玛丽亚·特蕾莎清楚地看到约瑟夫二世行为的轻率和言语的刻薄，这些都可能给国家带来危险。随着悲伤的减轻，玛丽亚·特蕾莎对生活又重新萌生了兴趣，她意识到自己退出政治舞台的时刻还未到来，不久她便重新参与到国家事务中去了。

现在，约瑟夫二世开始发现共同统治的困难了。玛丽亚·特蕾莎彻底地回到了原来的位置。约瑟夫二世发现自己几乎没有任何实际权力，他拒绝在自己不赞成的文件上签字，并且要求使用某种形式的签字来表明自己不赞同所附文件。玛丽亚·特蕾莎拒绝了该要求，因为同意该要求将公开表示自己与儿子约瑟夫二世之间存在分歧。于是，约瑟夫二世放弃了该要求。事实上，约瑟夫二世对母亲玛丽亚·特蕾莎的态度总是亲切而孝顺的。约瑟夫二世完全认同玛丽亚·特蕾莎的伟大事迹和人生经验，所以每当约瑟夫二世与母亲意见不一致时，约瑟夫二世总是遵从玛丽亚·特蕾莎的意见。

考尼茨-里特贝格伯爵·文策尔·安东似乎对共同执政失去了信心，因为困难几乎没有得到任何解决。于是，他于1766年6月4日突然递交了辞呈。很难说考尼茨-里特贝格伯爵·文策尔·安东辞职在多大程度上是因为处境的艰难，又在多大程度上是害怕权力的丧失。

一年时间过去了，约瑟夫二世的年轻气盛显露无遗。此外，约瑟夫二世与玛丽亚·特蕾莎之间的分歧也日益明显。因此，考尼茨-里特贝格伯爵·文策尔·安东有充分理由怀疑自己是否有能力在二人之间保持平衡。考尼茨-里特贝格伯爵·文策尔·安东因感激和旧有的感情与玛丽亚·特蕾莎站在了一起。然而，他同时是一位成熟的政治家，他对约瑟夫二世的观点表示十分理解。考尼茨-里特贝格伯爵·文策尔·安东在识人方面眼光敏锐，他承认并钦佩约瑟夫二世的想法，也清楚地知道自己无法同时协调感情和政治见解。考尼茨-里特贝格伯爵·文策尔·安东很可能认为自己已经履行了职责，新问题应该留给年轻人去解决。然而，如果不是有些事触动了他的自尊心，他也许不会感到绝望。随着年龄的增长，考尼茨-里特贝格伯爵·文策尔·安东的一些缺点愈发凸显出来了。他总是十分细致地讨论所有问题，精心整理并记录下来，这些行为逐渐流于形式。虽然考尼茨-里特贝格伯爵·文策尔·安东没有生过病，但他身体总是很虚弱，因而不得不开始花费更多心思照顾自己。因此，奥地利大公国宫廷工作效率低下，甚至时常完不成任务。玛丽亚·特蕾莎注意到了考尼茨-里特贝格伯爵·文策尔·安东行动变得越来越迟缓，同时设法在不伤害老朋友感情的前提下弥补这一缺陷。施塔尔亨贝格公爵格奥尔格·亚当多年来一直担任驻巴黎大使，对解决当时所有政治问题发挥了巨大的作用。现在是召他回奥地利大公国，为中央行政机关服务的时候了。玛丽亚·特蕾莎决心召施塔尔亨贝格公爵格奥尔格·亚当回到奥地利大公国，任命他为国务院和议会成员，同时允许他参与考尼茨-里特贝格伯爵·文策尔·安东迄今所做的大部分工作。此计划不可能对考尼茨-里特贝格伯爵·文策尔·安东隐瞒。考尼茨-里特贝格伯爵·文策尔·安东认为自己在奥地利大公国宫廷的地位已经不保了，再加上玛丽亚·特蕾莎不再完全信任他，他的处境似乎变得更加艰难了。

恰巧就在此时，三位大法官中的两位去世了。国家机构成员有必要进行重组。重组完成之前，考尼茨-里特贝格伯爵·文策尔·安东请求玛丽亚·特蕾莎允许他制订自己已经想好的计划，而这项计划无非是允许他无条件辞去所有职务。考尼茨-里特贝格伯爵·文策尔·安东宣称自己准备放弃议会大臣、国务大臣、国家首席大法官，以及意大利和荷兰的外交大臣的职务，同时敦促玛丽亚·特蕾莎将所有事务移交给施塔尔亨贝格公爵格奥尔格·亚当。

玛丽亚·特蕾莎对考尼茨-里特贝格伯爵·文策尔·安东出人意料的举动感到震惊，她用十分热情友好的态度答复了考尼茨-里特贝格伯爵·文策尔·安东。玛丽亚·特蕾莎刚刚成功地对约瑟夫二世产生了影响。考尼茨-里特贝格伯爵·文策尔·安东会不会在此时抛弃玛丽亚·特蕾莎? 考尼茨-里特贝格伯爵·文策尔·安东那颗温暖的心怎么了? 是猜疑还是妒忌，抑或是希望玛丽亚·特蕾莎内心受责备? 如果是的话，他为什么不告诉她呢? 考尼茨-里特贝格伯爵·文策尔·安东明明知道玛丽亚·特蕾莎希望从他口中知道自己的缺点。玛丽亚·特蕾莎不相信考尼茨-里特贝格伯爵·文策尔·安东会受妒忌折磨，或者认为自己会听信谗言。玛丽亚·特蕾莎一生经历了许多悲惨的事情，她习惯了朋友们的反复无常，但她一直认为考尼茨-里特贝格伯爵·文策尔·安东是可信赖的朋友，也因此感到安心和满意。考尼茨-里特贝格伯爵·文策尔·安东需要考虑玛丽亚·特蕾莎的感受。玛丽亚·特蕾莎完全拒绝接受考尼茨-里特贝格伯爵·文策尔·安东的辞呈，同时答应不再责备他。玛丽亚·特蕾莎只提出了一个条件，那就是只要二人之间出现猜疑，考尼茨-里特贝格伯爵·文策尔·安东需要直接和玛丽亚·特蕾莎探讨该问题，而不是听其他人的意见。然后，玛丽亚·特蕾莎委婉地表达了对考尼茨-里特贝格伯爵·文策尔·安东将自己的工作与奥地利大公国的利益结合在一起的感谢，表示他是奥地利大公国的救星，同时表示他的健康必须受到重视。这样一来，考尼茨-里特贝格伯爵·文策尔·安东就可以培养其他人在自己去世后继续工作。玛丽亚·特蕾莎说："让我们手握武器去面对死亡吧。作为你的女王和坚定的朋友，这是我能给你的唯一承诺和建议。"

考尼茨-里特贝格伯爵·文策尔·安东无法拒绝玛丽亚·特蕾莎的恳求。一想到有人怀疑她对友谊的忠诚，玛丽亚·特蕾莎就会感到难过。于是，考尼茨-里特贝格伯爵·文策尔·安东撤回了辞呈。奥地利大公国宫廷正在筹备一项新安排。根据这项安排，考尼茨-里特贝格伯爵·文策尔·安东将成为高等大法官——一个新的职位，而施塔尔亨贝格公爵格奥尔格·亚当将接替考尼茨-里特贝格伯爵·文策尔·安东迄今为止一直担任的职务。现在轮到施塔尔亨贝格公爵格奥尔格·亚当反对了。施塔尔亨贝格公爵格奥尔格·亚当明确指出，联合执政政府的职责不明，行事会有诸多不便。因此，玛丽亚·特蕾莎最后决定将施塔尔亨贝格公爵格奥尔格·亚当和约翰·安东·冯·佩尔任召到维也纳，任命他们为议会的成员。在没有授予二人任何直接职务之前，二人负责议长职责中比较繁重的部分，而其他一切照旧进行。通过这种方式，一位继任者将得到充分的培养，以延续既定的政策和制度。考尼茨-里特贝格伯爵·文策尔·安东确实坚持要求两年后辞职。玛丽亚·特蕾莎和约瑟夫二世认为对此最好默不作声，她希望变化的政治环境能够让考尼茨-里特贝格伯爵·文策尔·安东改变想法。

此次讨论取得了非常好的效果。约瑟夫二世坚定地表示自己对大法官有信心。现在看来，这种信心令人怀疑。因此，考尼茨-里特贝格伯爵·文策尔·安东开始继续自己的艰苦工作，确保能与两位君主保持良好的关系。

玛丽亚·特蕾莎的愿望是建立一个庞大的家族。此愿望正在迅速实现。玛丽亚·特蕾莎的次女玛丽亚·安娜已经过了最适合结婚的年龄。于是，玛丽亚·安娜女大公成了玛丽亚·特蕾莎在布拉格建立的修道院院长并得到了大量的捐赠。然而，对于其他女儿，玛丽亚·特蕾莎决心为她们找到自己认为合适的丈夫。玛丽亚·特蕾莎生性多愁善感。毫不夸张地说，玛丽亚·特蕾莎是一位公认的媒人,她总是对宫廷女士们的风流韵事最感兴趣,但与此同时,她有一个明确的观点,即王室成员的婚姻必须服从政治需要,服从国家目标。玛丽亚·特蕾莎给了年长的孩子一些自由选择的权利。事实证明,其结果令人满意。玛丽亚·特蕾莎为了让儿子约瑟夫二世娶到中意的妻子,甚至放弃了一个自己看好的政治计划。约瑟夫二世的第一任妻子帕尔马的伊莎贝拉去世后,玛丽亚·特蕾莎继续同帕尔马家族保持联系,使约瑟夫二世对延续第一次婚姻的幸福充满了期待。

玛丽亚·特蕾莎特别疼爱次女玛丽亚·克里斯蒂娜公主。在考尼茨–里特贝格伯爵·文策尔·安东还没有权力干涉玛丽亚·克里斯蒂娜公主之前,玛丽亚·特蕾莎使玛丽亚·克里斯蒂娜公主的天性得到了充分发挥。帕尔马的伊莎贝拉从一开始就视玛丽亚·克里斯蒂娜公主为自己的好朋友,她认定自己会英年早逝,所以她很希望这位深受爱戴的姐姐——玛丽亚·克里斯蒂娜公主能接替自己成为玛丽亚·特蕾莎的心腹和依靠。帕尔马的伊莎贝拉曾给玛丽亚·克里斯蒂娜公主写过一封信。当时,她还年幼,她在信中对玛丽亚·特蕾莎的性格进行了深刻分析,指出要怎样化解玛丽亚·特蕾莎对待孩子们的冷淡态度。事实证明,帕尔马的伊莎贝拉的努力取得了成效。玛丽亚·克里斯蒂娜公主与玛丽亚·特蕾莎十分亲近。玛丽亚·克里斯蒂娜公主爱上了萨克森选帝侯弗里德里希·奥古斯特二世的第四个儿子——泰申公爵阿尔伯特·卡西米尔。阿尔伯特·卡西米尔王子因自身的良好品格和优秀才能在宫廷中立足。但玛丽亚·克里斯蒂娜公主在婚姻道路上遇到了一个障碍,即神圣罗马皇帝弗朗茨一世非常渴望与撒丁王国保持联系。弗朗茨一世已经选定了沙布莱公爵贝尼代托·玛利亚·毛里齐奥作为玛丽亚·克里斯蒂娜公主的丈夫。弗朗茨一世在生命的最后时刻还坚持要沙布莱公爵贝尼代托·玛利亚·毛里齐奥出席在因斯布鲁克召开的会议,以推进会议进程。弗朗茨一世的突然驾崩消除了这个障碍。玛丽亚·特蕾莎可以自由地听从内心的想法。人们也开始通过各种方式庆祝玛丽亚·克里斯蒂娜与泰申公爵阿尔伯特·卡西米尔的婚姻。玛丽亚·克里斯蒂娜公主得到了一笔丰厚的财产。不久,泰申公爵阿尔伯特·卡西米尔被任命为匈牙利政府成

泰申公爵阿尔伯特·卡西米尔

员。玛丽亚·特蕾莎没有理由后悔。母女二人依旧维系着亲密而愉快的关系。玛丽亚·特蕾莎特意派人在维也纳和乡间为泰申公爵阿尔伯特·卡西米尔和玛丽亚·克里斯蒂娜公主修建了住所,供他们二人出访时使用。玛丽亚·克里斯蒂娜公主与泰申公爵阿尔伯特·卡西米尔在普雷斯堡的住所离维也纳很近。玛丽亚·克里斯蒂娜公主在普雷斯堡总能找到休息的地方,而且还可以摆脱一些仪式的束缚,享受因显赫地位而不能拥有的那种家庭生活。

对于玛丽亚·特蕾莎年幼的孩子们来说,他们的婚姻大多为政治服务,而不应参杂个人感情问题。因此,玛丽亚·特蕾莎为其他子女们安排的婚姻计划并不令人满意。为了使奥地利大公国和波旁王朝的关系更加密切,玛丽亚·特蕾莎牺牲了一个个女儿的婚姻幸福。虽然玛丽亚·特蕾莎以孩子们的婚姻幸福为代价获得了政治利益,但当小女儿——那不勒斯王后玛丽亚·卡洛琳娜表示结婚初期的生活犹如人间地狱,而另一个女儿——帕尔马王后玛丽亚·阿梅利亚误入歧途的任性行为,迫使玛丽亚·特蕾莎与其断绝一切联系时,作为母亲,玛丽亚·特蕾莎一定倍感伤心。

多年来,奥地利大公国一直计划选一位女大公与西班牙国王次子——那不勒斯和西西里王国的斐迪南一世结婚。玛丽亚·特蕾莎的女儿玛丽亚·约瑟法公主成了合适人选。玛丽亚·约瑟法公主为了将来的地位受过良好的教育,其父母急于与西班牙建立政治联系,于是安排玛丽亚·约瑟法公主与那不勒斯和两西西里王国的斐迪南一世于1766年举行婚礼。当时,十六岁的那不勒斯和两西西里王国的斐迪南一世刚刚达到法定成年年龄,而新娘玛丽亚·约瑟法公主比他还小几个月。

然而,该计划一时间不得不暂时搁置。天花在当时是一种可怕的灾难。接种天花疫苗并未减轻天花的危害,也没有抑制天花的蔓延。天花突然在奥地利大公国宫廷肆虐起来,连玛丽亚·特蕾莎也受到了死亡的威胁。1766年5月月初,玛丽亚·特蕾莎的女儿玛丽亚·克里斯蒂娜公主身患重病。玛丽亚·克里斯蒂娜公主刚刚出生的孩子突然死去。玛丽亚·特蕾莎为此焦躁不安。与此同时,玛丽亚·特蕾莎又得知儿媳巴伐利亚的玛丽亚·约瑟法公主突然病倒了。玛丽亚·特蕾莎一直知道巴伐利亚的玛丽亚·约瑟法公主的悲惨处境，虽然巴伐利亚的玛丽亚·约瑟法公主并不是那么优秀，但她因为性格上的许多优点赢得了玛丽亚·特蕾莎的疼爱。玛丽亚·特蕾莎尽了自己最大的努力疼爱和保护巴伐利亚的玛丽亚·约瑟法公主，从而弥补约瑟夫二世对巴伐利亚的玛丽亚·约瑟法公主的忽视。因此，玛丽亚·特蕾莎立刻跑到病房里去陪伴巴伐利亚的玛丽亚·约瑟法公主。因当时医疗条件有限，巴伐利亚的玛丽亚·约瑟法公主全身都是血淋淋的。在帮助玛丽亚·约瑟法公主露出手臂进行手术时，玛丽亚·特蕾莎发现了暴露其病情性质的斑点。虽然玛丽亚·特蕾莎感到十分恐惧，因为家族成员已经不止一次证明了这种疾病的致命性，但还是鼓起勇气留下来照顾接受手术的巴伐利亚的玛丽亚·约瑟法公主。最后，玛丽亚·特蕾莎以充满母爱的拥抱与巴伐利亚的玛丽亚·约瑟法公主告别，温柔地向她解释了完全隔离的必要性。那竟是永别的拥抱。五天后，不幸的巴伐利亚的玛丽亚·约瑟法公主在几乎没有人注意到的情况下离开了人世。她曾努力地维护着自己的尊严，忍受着婚后生活的失望和悲伤。

玛丽亚·特蕾莎自己的生命也岌岌可危。离开巴伐利亚的玛丽亚·约瑟法公主之后，玛丽亚·特蕾莎也生病了。1766年5月26日，医生诊断出玛丽亚·特蕾莎患了天花。玛丽亚·特蕾莎的病情唤起了人们最强烈的忠诚感。很少有君主像玛丽亚·特蕾莎那样受到人们的爱戴和尊敬。此时，玛丽亚·特蕾莎躺在床上，平静地等待着自己的结局。玛丽亚·特蕾莎继续对自己的家庭和政治关系畅所欲言，同时指示医生在希望破灭时立即告诉她，以便她领受教会的圣礼。年轻的约瑟夫二世是一个孝顺的儿子，他睡在隔壁房间里，几乎没有离开过玛丽亚·特蕾莎。

约瑟夫二世突然对考尼茨-里特贝格伯爵·文策尔·安东说道："世界上只有一个玛丽亚·特蕾莎，我比以往任何时候都钦佩她。"约翰·约瑟夫·冯·克芬许勒-梅奇表示有必要为玛丽亚·特蕾莎举行最后一次圣事。与此同时，约翰·约瑟夫·冯·克芬许勒-梅奇遇见了刚从母亲房间出来的约瑟夫二世。约瑟夫二世眼里含着泪水，说玛丽亚·特蕾莎刚刚向自己和年幼的弟弟妹妹送上了祝福，同

玛丽亚·卡洛琳娜

玛丽亚·阿梅利亚

那不勒斯和两西西里王国的斐迪南一世

玛丽亚·约瑟法公主

时宣布了临终遗言。约瑟夫二世并不是唯一一个孝顺的孩子。泰申公爵阿尔伯特·卡西米尔离开妻子，带着圣礼，急匆匆地赶到了玛丽亚·特蕾莎面前。四天来，希望越来越渺茫，但在1766年6月5日，戈特弗里德·范斯威登宣布眼前的危险已经过去了。紧张之后的安慰弥漫着这座城市，并以各种形式的庆祝活动表现了出来。一旦开始庆祝，玛丽亚·特蕾莎恢复得很快，但疾病确实对她的身体造成了一些影响。从那以后，她身上就留下了天花痘印，不再像从前那样美丽了。1766年7月22日，玛丽亚·特蕾莎在孩子们的簇拥下出席了一个盛大而庄严的宗教仪式，对自己恢复健康表示感谢。

然而，天花还没有结束。另外两名皇室成员也患了天花。泰申公爵阿尔伯特·卡西米尔因孝顺而患了天花，但他强壮的体质足以抵抗这种疾病，而年轻的玛丽亚·约瑟法公主则没有那么幸运。这个家庭遭受的不幸推迟了玛丽亚·约瑟

戈特弗里德·范斯威登

法公主在那不勒斯的婚礼，但很快又有了新的婚礼安排。玛丽亚·约瑟法公主正准备于1766年10月4日动身去那不勒斯，但她突然也患了天花。玛丽亚·特蕾莎刚得过天花，可以照顾生病的孩子，但她所有的努力都白费了。1766年10月4日，可怜的玛丽亚·约瑟法公主去世了。如果真如人们所说，玛丽亚·约瑟法公主是在父亲弗朗茨一世位于卡布钦教堂的墓穴中染上天花的，那么事情就显得更加悲剧了。因为在玛丽亚·约瑟法公主离开奥地利大公国之前，玛丽亚·特蕾莎一直坚持参加这个仪式。棺材盖还没有制作好，玛丽亚·约瑟法公主的棺材就已经放在墓穴里了。人们采取了一些预防措施，但年轻的玛丽亚·约瑟法公主还是受到了影响，据说玛丽亚·约瑟法公主将天花病毒带回了家。

这一连串的不幸最终都化险为夷了。玛丽亚·特蕾莎听从了那些老派医生的建议，使用当时的方法治疗天花，即放血，紧闭门窗，不让空气流通。玛丽亚·特蕾莎的悲惨经历证明了这些措施没有任何效果。从此，玛丽亚·特蕾莎和约瑟夫二世都成了新接种方法坚定的支持者。玛丽亚·特蕾莎所有孩子和孙子都接受了接种。玛丽亚·特蕾莎勇敢地树立了榜样，成为接种计划的热心倡导者，并且建立了一家医院，说服或几乎强迫身边所有人送孩子去接种。玛丽亚·特蕾莎的措施取得了完全成功。奥地利大公国王室中没有再发生天花。天花在整个奥地利大公国的破坏作用都明显减轻了。

玛丽亚·约瑟法公主的去世也无法阻止早已约定好的政治婚姻。玛丽亚·约瑟法公主死后不久，西班牙国王就要求玛丽亚·约瑟法公主的一个妹妹代替其位置。玛丽亚·特蕾莎起初倾向于选择女儿玛丽亚·阿梅利亚，但西班牙国王查理三世和斐迪南一世本人都强烈反对新娘比丈夫大五岁的婚姻。因此，玛丽亚·特蕾莎只能选择当时只有十四岁的玛丽亚·卡洛琳娜。奇怪的是，像玛丽亚·特蕾莎这样聪明的女人竟然会如此轻易地让孩子承受早婚带来不可避免的风险。毫无疑问，玛丽亚·特蕾莎相信即使孩子们长大后离开了自己，她仍然能够指导他们的行为。1768年4月，玛丽亚·卡洛琳娜与斐迪南一世举行了婚礼，但这并不是一场幸福的婚姻。斐迪南一世的性格确实不太可能使婚姻幸福，玛丽亚·卡洛琳娜本人也有些任性，这给奥地利大公国宫廷带来了一些麻烦。但玛丽亚·卡洛琳娜始终忠于母亲和妹妹玛丽·安托瓦内特。玛丽·安托瓦内特不久就成了法兰西王国王太子路易-奥古斯特的妻子。

在奥地利大公国与波旁王朝的联姻还没有达成之前，玛丽亚·特蕾莎的另一个女儿已经为同样的政策做出了牺牲。1769年，玛丽亚·阿梅利亚公主嫁给了年轻的帕尔马公爵斐迪南。在这种情况下，玛丽亚·特蕾莎或许不该受到责备。玛丽亚·特蕾莎不了解帕尔马公爵斐迪南的性格，她知道帕尔马公爵斐迪南接受了最好的教育，因为他曾师从艾蒂耶纳·博诺·德·孔狄亚克及其哥哥卡布里尔·博诺·德·马布利。虽然玛丽亚·阿梅利亚公主一向迟钝无趣，但她性情温和，玛丽亚·特蕾莎觉得玛丽亚·阿梅利亚公主肯定会听从自己的忠告。玛丽亚·特蕾莎建议玛丽亚·阿梅利亚公主不要参与政治，不要试图改变新家庭固有的习惯，永远支持国务大臣纪尧姆·迪·蒂洛特，因为已故的帕尔马公爵腓力将政府托付给了纪尧姆·迪·蒂洛特。玛丽亚·特蕾莎后来意识到了帕尔马公爵斐迪南是个文盲，而帕尔马公爵斐迪南唯一的乐趣是与有着低级趣味的人在一起。玛丽亚·特蕾莎突然从美梦中惊醒了。刚刚到达帕尔马几个月，新公爵夫人——玛丽亚·阿梅利亚公主就和纪尧姆·迪·蒂洛特发生了争执，她当上了政府的女主人，同时坚持沿用奥地利大公国官廷的一切习惯。

奥地利大公国与波旁王朝的长期联姻终于告一段落了，因为奥地利大公国的一位公主成了法兰西王国王后。玛丽亚·特蕾莎第三个女儿玛丽亚·伊丽莎白公主还没有未婚夫的时候，似乎不大可能成为路易十五的妻子。在法兰西王国王后玛丽·莱什琴斯卡和蓬帕杜尔夫人死后，舒尔瓦瑟公爵艾蒂安·弗朗索瓦清楚地知道国王将不可避免地会受到一些女性的影响。法兰西王国本来打算设立一个新王后，但王太子的去世带给路易十五很大打击。路易十五的女儿们和当时那些不满意不道德之风盛行的朝廷成员们，都希望路易十五的改革能够再次通过一段成功的婚姻永久稳定下来。舒尔瓦瑟公爵艾蒂安·弗朗索瓦也支持这个想法。舒尔瓦瑟公爵艾蒂安·弗朗索瓦总是设法使路易十五关注奥地利的玛丽亚·伊丽莎白公主。人们常常夸赞奥地利的玛丽亚·伊丽莎白公主的美貌，但奥地利的玛丽亚·伊丽莎白公主的美貌因天花而大打折扣了。舒尔瓦瑟公爵艾蒂安·弗朗索瓦与奥地利大公国驻巴黎的大使施塔尔亨贝格公爵格奥尔格·亚当及其接班人梅西,就这个问题进行了频繁的通信。但舒尔瓦瑟公爵艾蒂安·弗朗索瓦并不是唯一一个理解路易十五的人。那些强烈反对舒尔瓦瑟公爵艾蒂安·弗朗索瓦的大臣们担心这样的婚姻增加舒尔瓦瑟公爵艾蒂安·弗朗索瓦的势力,所以找到了阻止这个计划的方法。大臣们为路易十五找到了一个情妇,而不是妻子。杜巴里夫人出现在了法兰西王国宫廷,路易十五为之十分着迷。王室改革的希望因此化为泡影。不久之后,有权有势的舒尔瓦瑟公爵艾蒂安·弗朗索瓦便倒台了。与此同时,玛丽亚·特蕾莎拒绝继续谈判下去。因此,原本计划的联姻就此结束。

与此同时,奥地利大公国与法兰西王国之间还有一项婚姻计划有待完成。该计划不会受到国王路易十五不道德行为的影响,而且最终会实现与原本失败的婚姻计划相同的目标。还不到十五岁的玛丽·安托瓦内特与法兰西王国年轻的王太子路易–奥古斯特订婚了。1770年,两人举行了婚礼。舒尔瓦瑟公爵艾蒂安·弗朗索瓦当时已经被迫离任。玛丽亚·特蕾莎有着强烈的母性意识和责任感,人们很难理解玛丽亚·特蕾莎为何会允许玛丽·安托瓦内特那么温柔的孩子陷入极其困难的境地。玛丽亚·特蕾莎的确采取了细致的预防措施来保护玛丽·安托瓦内特,她与玛丽·安托瓦内特保持着亲密的联系,同时几乎将梅西大使置于了监护人的位置。但人们可能会质疑,奥地利大公国不断从国外对法兰西王国施压是否会对玛丽·安托瓦内特在法兰西王国的声望造成恶劣影响。事实上,反对奥地利大公国影响的呼声很快转向反对玛丽·安托瓦内特。玛丽亚·特蕾莎对玛丽·安托瓦内特的安排并非全然明智,但如果由玛丽·安托瓦内特自己做决断也不见得会有更好的结果。读者不难发现,玛丽亚·特蕾莎在许多方面都十分高尚,并且思虑周全,她坚持要玛丽·安托瓦内特承认甚至正面对待杜巴里夫人这种人。但在这一点上,玛丽亚·特蕾莎犯了致命的错误。弗朗茨一世过世后,玛丽亚·特蕾莎因为完全信任大臣的判断也造成过这样的错误。考尼茨–里特贝格伯爵·文策尔·安东是一位集善良与邪恶于一身的天才。一方面,他是肯为玛丽亚·特蕾莎留下的朋友,是玛丽亚·特蕾莎计划的完美执行者,是

玛丽·安托瓦内特

帕尔马公爵斐迪南

艾蒂耶纳·博诺·德·孔狄亚克

奥地利的玛丽亚·伊丽莎白公主

玛丽亚·特蕾莎遭遇不幸时安慰她的人，也是玛丽亚·特蕾莎绝对值得信赖的朋友。但另一方面，考尼茨-里特贝格伯爵·文策尔·安东本人冷酷，一心只想着帮助玛丽亚·特蕾莎成就伟大事业。在考尼茨-里特贝格伯爵·文策尔·安东的概念中，伟大意味着政治成就，所以他经常向玛丽亚·特蕾莎提出忠告。他的建议经常破坏或阻碍玛丽亚·特蕾莎那些巨大而高尚的简单冲动，而这些冲动往往是通向最高形式成功的最可靠的指南。

约瑟夫二世得到了与玛丽亚·特蕾莎共同执政的权力，玛丽亚·特蕾莎生命的第一个时期也是最光荣的时期结束了。玛丽亚·特蕾莎不仅赢得了本国人民的爱戴，而且赢得了全欧洲人民的爱戴和钦佩。从此以后，玛丽亚·特蕾莎遭受的巨大悲痛多少使其美好品质蒙上了一层阴影。玛丽亚·特蕾莎的勇气与独特魅力都逐渐淡去，却还保留着敏锐的政治洞察力。但从那时开始，约瑟夫二世尖锐却不谨慎的看法限制了玛丽亚·特蕾莎的政治洞察力。人们依然视玛丽亚·特蕾莎为真正的君主，即使玛丽亚·特蕾莎已经退出了部分事务的管理，人们对她的信任也并未动摇。事实上，玛丽亚·特蕾莎诚恳地提出了所有重要问题，并且听取了约瑟夫二世的意见。弗朗茨一世去世后，玛丽亚·特蕾莎总是感到软弱无力，从而寻求约瑟夫二世的支持，她再也无法像早年那样直截了当地按自己的意志行事。在之后的几年中，玛丽亚·特蕾莎实际上是与约瑟夫二世共同执政的。

译名对照表

Maria Theresa	玛丽亚·特蕾莎
Joseph II	约瑟夫二世
Wenzel Anton, Prince of Kaunitz-Rietberg	考尼茨-里特贝格伯爵·文策尔·安东
War of the Austrian Succession	奥地利王位继承战争
Leopold II	利奥波德二世
Friedrich Wilhelm von Haugwitz	弗雷德里希·威廉·冯·霍格维茨伯爵
Frederick the Great	腓特烈大帝
Charles VI	查理六世
Polish–Lithuanian Commonwealth	波兰-立陶宛联邦
House of Brandenburg	勃兰登堡王朝
Pragmatic Sanction of 1713	《国事诏书》
Charles Emmanuel III	查理·伊曼纽三世
Treaty of Belgrade	《贝尔格莱德条约》
Servia	塞尔维亚
Wallachia	瓦拉几亚
Archduchess Marianne	玛丽亚·安娜女大公
Elizabeth Farnese	伊丽莎白·法尔内塞
André-Hercule de Fleury	安德烈·埃居尔·德·弗勒里
Charles Louis Auguste Fouquet	查尔斯·路易·奥古斯特·富凯
Bartenstein	巴滕施泰因
Louis XIV	路易十四
William III	威廉三世
Anna of Russia	俄罗斯帝国的安娜女皇
Frederick William I	腓特烈·威廉一世

Duchy of Berg	贝格大公国
Francis Stephen	弗朗茨·斯蒂芬
Thomas Robinson	托马斯·鲁滨孙
Breslau	布雷斯劳
Mollwitz	穆尔维茨
Treaty of Nymphenburg	《尼芬堡条约》
Passau	帕绍
János Pálffy	约翰·巴尔非
Andrew II of Hungary	匈牙利的安德鲁二世
Charles Albert	查理·阿尔伯特
George II	乔治二世
Holy Roman Emperor	神圣罗马帝国皇帝
Charles VII	查理七世
Klein Schnellendorf	克莱因施内伦多夫
Treaty of Breslau	《布雷斯劳条约》
Robert Walpole	罗伯特·沃波尔
Earl Granville	格兰佛伯爵
John Carteret	约翰·卡特里特
Jean-Baptiste François des Marets	让·巴蒂斯特·弗朗索瓦·德马雷
Victor François de Broglie	维克多·弗朗索瓦·布罗格利
Earl of Stair	斯泰尔伯爵
John Dalrymple	约翰·达尔林普尔
Flanders	佛兰德斯
Charles Alexander	查理·亚历山大
Worms	沃尔姆斯
Treaty of Worms	《沃尔姆斯条约》
Philip V	腓力五世
Savoy	萨伏伊
Nice	尼斯
Pavia	帕维亚
Milan	米兰
Finale	菲纳莱
Genoese	热那亚人

Modena	摩德纳
Battle of Campo Santo	坎波桑托战役
Tuscany	托斯卡纳
Naples	那不勒斯
Peace of Westphalia	《威斯特伐利亚和约》
Maurice de Saxe	莫里斯·德·萨克斯
Alsace	阿尔萨斯
Maximilian III Joseph	马克西米利安三世·约瑟夫
d'Argenson	达让松侯爵
René Louis de Voyer de Paulmy	勒内·路易·德·瓦耶·德·波尔姆
Treaty of Fuessen	《菲森条约》
Heinrich von Brühl	海因里希·冯·布吕尔
battle of Fontenoy	丰特努瓦战役
Prince de Conti	孔蒂亲王
Louis François	路易·弗朗索瓦
Bataille de Hohenfriedberg	霍亨弗里德堡战役
Treaty of Hanover	《汉诺威条约》
Chlum	克卢姆
Francis I	弗朗茨一世
Johann Karl Ritter	约翰·卡尔·里特尔
Elector-Palatine	帕拉丁选帝侯
Heidelberg	海德堡
Treaty of Warsaw	《华沙条约》
Neisse	奈塞河
Bober	布尔河
Heinersdorf	海纳斯多夫
Lovosice	洛沃西采
Treaty of Dresden	《德累斯顿条约》
Genoa	热那亚
Piacenza	皮亚琴察
Parma	帕尔马
Battle of Bassignano	巴西尼亚纳战役
Alessandria	亚历山德里亚城堡

Turin	都灵
Ferdinand VI	斐迪南六世
Brussels	布鲁塞尔
Aix-la-Chapelle	艾克斯拉沙佩勒
Antwerp	安特卫普
Mons	蒙斯
Charleroi	沙勒罗伊
Namur	那慕尔
Battle of Rocoux	罗库战役
Maastricht	马斯特里赫特
Lord Sandwich	桑威奇伯爵
John Montagu	约翰·蒙塔古
Breda	布雷达
Prince of Orange	奥兰治王子
William IV	威廉四世
Duke of Cumberland	坎伯兰公爵
William Augustus	威廉·奥古斯都
Bathyany	包贾尼
Battle of Lauffeld	劳费尔德战役
Bergen -op- Zoom	贝亨奥普佐姆
General Browne	布朗将军
Antoniotto Botta Adorno	安东尼奥托·博塔·阿多尔诺
Treaty of Utrecht	《乌得勒支条约》
Cape Breton Island	布雷顿角岛
Dunkirk	敦刻尔克
Louis Philogène Brulart	路易·菲洛涅·布鲁拉特
Liege	列日
Richard Wall	理查德·沃尔
Guastalla	瓜斯塔拉
Glatz	格拉茨
St. Severin	圣塞弗兰
Ulfeld	乌尔费尔德
Treaty of Aix-la-Chapelle	《艾克斯拉沙佩勒条约》

Dutch guilder	荷兰盾
Ferdinando Bonaventura von Harrach	斐迪南·博纳文图拉·冯·哈拉赫
Carinthia	卡林西亚
Trieste	的里雅斯特
Fiume	阜姆港
Ernst Graf von Trautson	恩斯特·格雷夫·冯·特劳森
Van Swieten	凡·斯威登
Conference of Nice	尼斯会议
Lucas John Pallavicini	卢卡斯·约翰·帕拉维奇尼
Grand Chancellor Christiani	克里斯蒂亚尼大法官
Pope Benedict XIV	教皇本笃十四世
Duke of Modena	摩德纳公爵
Francesco III	弗朗茨三世
Ercole III	埃尔科莱三世
Duchy of Massa and Carrara	马萨-卡拉拉公国
Maria Teresa Cybo-Malaspina	玛丽亚·特蕾莎·齐博-马拉斯皮纳
Duchess of Massa	马萨女大公
Maria Beatrice d'Este	玛丽亚·贝亚特丽丝
Archduke Leopold	利奥波德大公
Maria Anna	玛丽亚·安娜
Antoniotto Botta Adorno	安东尼奥托·博塔·阿多尔诺
Leipzig	莱比锡
Leyden	莱顿
Beichs-hofrath	贝希斯-霍夫拉特
Carlo Vincenzo Ferrero d'Ormea	卡洛·温琴佐·佛列罗·多尔梅亚
Charles Hanbury Williams	查尔斯·汉伯里·威廉姆斯
Mareschal	马雷沙尔
Ferdinand Duke of Parma	帕尔马公爵斐迪南
Étienne Bonnot de Condillac	艾蒂耶纳·博诺·德·孔狄亚克
Gabriel Bonnot de Mably	卡布里尔·博诺·德·马布利
Guillaume du Tillot	纪尧姆·迪·蒂洛特
Archduchess Maria Elisabeth	玛丽亚·伊丽莎白女大公
Madame du Barry	杜巴里夫人

Madame de Pompadour	蓬帕杜尔夫人
Aranjuez	阿兰胡埃斯
Treaty of Aranjuez	《阿兰胡埃斯条约》
Prince of Starhemberg	施塔尔亨贝格公爵
Georg Adam	格奥尔格·亚当
Nieuwpoort	尼乌波特
Ostend	奥斯坦德
Palatinate	普法尔茨
Abbe de Bernis	贝尼斯神父
Lord Holderness	霍尔德内斯公爵
Robert Darcy	罗伯特·达西
duc de Nevers	纳韦尔公爵
Antoine Louis Rouillé	安东尼·路易·鲁耶
Treaty of Versailles	《凡尔赛条约》
Keith	基思
Klinggraf	克林格拉夫
Eger	埃格尔
Koniggratz	柯尼希格雷茨
Maximilian Ulysses Browne	马克西米利安·尤利西斯·布朗
General Piccolomini	皮科洛米尼将军
Lajos Batthyány	拉约什·包贾尼
Louis Charles César Le Tellier	路易·查理·塞萨尔·勒·泰利耶
Swabia	斯瓦比亚
Voigt-land	福格特地区
Courland	库尔兰
Jean-Baptiste de Machault d'Arnouville	让-巴普蒂斯特·德·马绍·达努维尔
Crossen	克罗森
Magdeburg	马格德堡
Halberstadt	哈尔贝施塔特
Haller	哈勒
Swedish Pomerania	瑞典属波美拉尼亚
Cleves	克利夫斯
Prince of Hildburghausen	希尔德伯格豪森公爵

Semigallia	瑟米加利亚
Joseph Maria Frederick Wilhelm	约瑟夫·玛丽亚·弗雷德里克·威廉
Battle of Prague	布拉格战役
Leopold Joseph von Daun	利奥波德·约瑟夫·冯·道恩
Lausitz	劳西茨
Ernst Gideon von Laudon	恩斯特·吉迪恩·冯·劳东
Duke of Brunswick-Bevern	不伦瑞克-贝沃恩公爵
August Wilhelm	奥古斯特·威廉
Schweidnitz	施韦德尼茨
Erfurt	爱尔福特
András Hadik de Futak	安德拉什·哈迪克·德·福塔克
Battle of Rossbach	罗斯巴赫会战
Battle of Leuthen	洛伊滕会战
Marquis de Stainville	斯坦维尔侯爵
Étienne-François	艾蒂安·弗朗索瓦
Count of Clermont	克莱蒙特伯爵
William Pitt	威廉·皮特
Moravia	摩拉维亚
Battle of Zorndorf	曹恩道夫战役
Kosel	科瑟尔
Neisse	奈塞
Hochkirch	霍克奇
Samuel von Schmettau	萨穆埃尔·冯·施梅特
Weser	威悉河
Battle of Krefeld	卡雷菲尔德战役
Louis Georges Érasme de Contades	路易·乔治·埃拉兹梅·德·孔塔斯
Prince of Soubise	苏比斯公爵
Princess Isabella of Parma	帕尔马的伊莎贝拉
Louise Élisabeth	路易丝·伊丽莎白
Christoph II von Dohna	克里斯托夫二世
Carl Heinrich Wedel	卡尔·海因利希·韦德尔
Battle of Kay	卡伊战役
Battle of Kunersdorf	库勒斯道夫战役

Friedrich August von Finck	弗里德里希·奥古斯特·冯·芬克
Maxent	马克桑
Franz Moritz von Lacy	弗朗茨·莫里斯·冯·拉齐
Heinrich August de la Motte Fouqué	海因里希·奥古斯特·德·拉莫特·富凯
Battle of Liegnitz	利格尼茨战役
Hans Joachim von Zieten	汉斯·约阿希姆·冯·齐滕
Marshal Butterlin	比特兰元帅
Bunzelwitz	帮策尔维茨
Czernichow	切尔尼霍夫
Duchy of Cleves	克利夫斯公国
Mark	马克郡
John Stanley	约翰·斯坦利
Bourbon compact	波旁协约
John Stuart	约翰·斯图尔特
Catherine II	叶卡捷琳娜大帝
Fontainebleau	枫丹白露
Heinrich Gabriel von Collenbach	海因里希·加布里尔·冯·科伦巴赫
Ewald Friedrich von Hertzberg	埃瓦尔德·弗里德里希·冯·赫茨贝格
Treaty of Hubertusburg	《胡贝尔图斯堡条约》
Heinrich Kajetan von Blümegen	海因里希·卡捷坦·冯·布鲁梅亨
Stupan	斯图拜
Borie	博里
Adam Albert von Neipperg	亚当·艾伯特·冯·奈佩格
Maria Christina	玛丽亚·克里斯蒂娜
Frederick Christian	弗雷德里克·克里斯蒂安
Maria Luisa of Parma	帕尔马的玛丽亚·路易莎
Grand Duchy of Tuscany	托斯卡纳大公国
Maria Beatrice d'Este	玛丽亚·比阿特丽丝·德埃斯特
Prince of Asturias	阿斯图里亚斯亲王
Maria Kunigunde of Saxony	萨克森的玛丽亚·库尼贡德
Maria Josepha	玛丽亚·约瑟法
Innsbruck	因斯布鲁克
Presburg	普雷斯堡